지속적인 창의·인성 교육을 위한

NFTM - TRIZ의 이론과 실제

M.M. Zinovkina · 최윤희 · 김훈희 공저

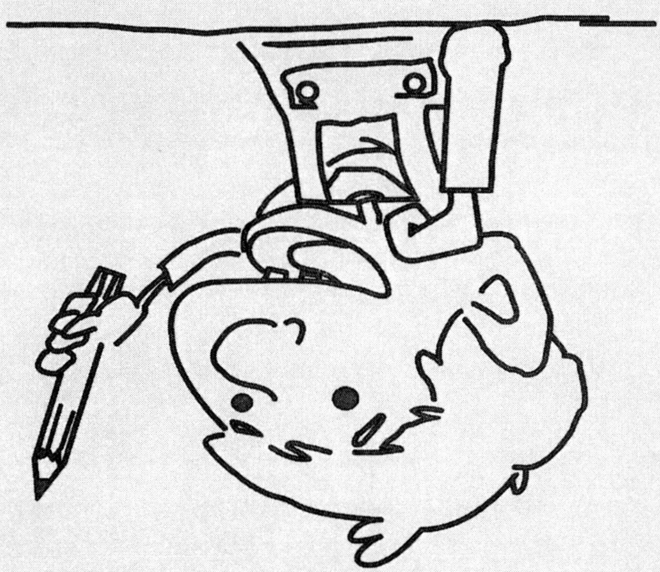

도서출판 인터비전

저자의 말

존경하는 독자 여러분!

오늘날 전 세계적으로 "새로운 학교"에 대한 요구가 증대되고 있습니다. 즉, 아이들이 스스로 생각하고 공부하는 법을 가르치는 일이 불가피해진 것입니다. 하지만 생각하는 방법을 가르치는 것은 그리 간단한 문제가 아닙니다. 본 저자 및 저희 연구진들은 학교에 들어가기 전부터 이러한 교육을 준비시키기 위하여 모든 교육 과정에서 이루어지는 지속적인 창의 교육 시스템(NFTM-TRIZ)을 구축하고 각 학년 및 연령별로 교육 프로그램을 연구하여 러시아 교육부로부터 승인을 받고 현재 교육 현장에서 시행하고 있습니다.

사랑하는 독자 여러분, 여러분의 창의적 주도와 아이들의 발달에 대한 따뜻한 보살핌은 학교 현장에서 향후 아이들 발전에 있어 성공을 보장할 것입니다. 바로 여러분이 교육 분야에서 "새로운 학교"의 기초를 놓고 계십니다.

저희는 NFTM-TRIZ 창의 교육 시스템의 이론과 방법을 습득하여 국가의 미래를 위한 창의적 인재를 육성하려는 여러분들의 고귀한 수고에 무한한 격려와 함께 좋은 결과를 거두는데 창의적인 에너지가 넘치기를 기원합니다.

본 교재는 전체 2부로 구성되어 있습니다. 1부 내용 "NFTM–TRIZ의 이론적 배경"은 모스크바국립산업대학교 교수이자 본 창의 시스템의 창시자인 지노프끼나 교수가 집필하였으며, 2부 내용 "NFTM–TRIZ에 기초한 수업의 실제"는 국내 교수들에 의해 국내 교육 현장에 맞게 NFTM–TRIZ 교수·학습 모형을 유치원, 초·중·고등학교 교육과정과 연계하여 실제 수업에서 활용될 수 있도록 학교급 별로 그 수업 안을 만들어 제시하였습니다.

마지막으로 본 저서의 출간을 위해 소중한 자료들과 경험들을 제공해주신 러시아 〈국제과학교육공학창의력센터〉 내 〈NFTM–TRIZ 센터〉와 국내 〈NFTM–TRIZ 창의교육 연구소〉 교수님과 연구원 선생님들께 감사드리며, 저희들의 연구 결과가 한국에서 확장될 수 있도록 길을 열어주신 GS인터비전 출판사 송기수 사장님과 편집부 선생님들께도 감사드립니다.

2013년 2월

NFTM-TRIZ 창의 교육 연구소에서

저자 일동

일러두기

1. 러시아어 표현에는 철자가 많이 길어서 그 표현을 간소화 시킨 약어가 많이 사용됩니다. 대부분 단어의 앞 철자를 따서 대문자로 만든 표현으로 그 내용을 알지 못하면 이해하기 어렵습니다. 본 교재에서도 일부 약어로 표현된 용어들이 많이 사용되는데, 각 용어들은 용어 해설에 따로 정리해 두었습니다.

   예) TRIZ(트리즈): 창의적 문제 해결 이론

   NFTM–TRIZ(엔에프티엠-트리즈): 트리즈를 기반으로 한 지속적인 창의력 향상 교육 시스템

2. 일부 러시아어식 표현 중 러시아어 표현을 그대로 사용해야만 하는 용어 및 이름, 지명 등은 각주나 용어 해설에서 이해를 돕기 위하여 정리해 두었습니다.

3. Ⅱ부의 수업 실제에서는 NFTM–TRIZ의 교수·학습 모형에 기초하여 유치원과 초등학교 및 중학교와 고등학교에서 사용할 수 있는 교과별 수업 계획에 대한 사례를 제시하였습니다. 특히, 이 부분에서는 오늘날 우리

나라 학교 교육과정에서 강조하고 있는 창의·인성 교육에 초점을 맞추어 그 사례를 찾아 설계하였습니다.

4. NFTM-TRIZ 시스템의 창의 교육 내용을 이해하기 위해서는TRIZ에 대한 기본 이해가 필요합니다. 그리하여 부록에 TRIZ에 대한 기본적인 내용을 첨부하여 두었습니다. 좀 더 상세한 내용은 다른 TRIZ에 관한 전문 서적들을 참고하시기 바랍니다.

차 례

PART 2

PART 1

지속적인 창의 교육 시스템(NFTM-TRIZ)의 이론적 배경

1

Chapter

지속적인 창의 교육 시스템 (NFTM-TRIZ)의 특성

이 장은 지속적인 창의 교육 시스템(NFTM-TRIZ)의 기초를 이해하는 장으로써 NFTM-TRIZ의 기본 운영 구조, NFTM-TRIZ 상징마크,NFTM-TRIZ의 성장 배경, NFTM-TRIZ의 기본 특성, NFTM-TRIZ의 교수법 원칙 및 NFTM-TRIZ시스템이 추구하는 창의적 인성 특성에 대해 설명하고 있다.

교육자로서 오랜 기간 동안 학생들을 가르쳐오면서 학생들의 창의력을 계발하여 창의 공학적인 사고 구조를 갖추도록 교육 및 훈련할 수 있는 새로운 교육 패러다임의 필요성을 절실하게 깨닫게 되었다. 이러한 교육의 출발점으로써 전통적인 기존 교육 시스템에 의해 오래 기간 동안 답습되고 전형화 되어 버린 학생들의 인식 활동 구조와 이러한 형태들이 고정화된 원인을 찾고 이를 탈피 할 수 있는 방법들에 대해 고민하지 않을 수 없었다. 이러한 연구를 시작하면서 많은 교육 연구들에서 연구가들이 연구 대상을 선택할 때부터 오류가 일어나고 있음을 알게 되었다. 이것은 사소한 방법론적인 오류이기도 했지만, 그 이후 많은 교육 현장들에서는 다양한 발전과 더 큰 성과를 가져오지 못한 계기가 되기도 했다.

이러한 견해를 러시아 교육 아카데미의 정회원인 노비코프(A.M.Новиков)

교수가 자신의 연구들에서 좀 더 명확히 확인시켜 주었다. 노비코프교수는 지식·능력·학습에 관한 교수법 및 과정, 교육방법들만이 오랜 기간동안 연구의 대상이 되어왔는데, 이것이 러시아 현대 교육학의 더 큰 발전을 저해한 요인이 되었다고 밝혔다. 그리하여 이제 개인의 발전을 위한 교육학이 필요하다고 언급하면서, 교육 연구의 방향과 내용뿐만 아니라 모든 교육 현장을 크게 바꾸어야 한다고 주장했다.

자연과학 분야에서 실행한 국제 교육 연구 결과에 따르면, 러시아 학생들은 다른 나라 실험 참가자들에 비해 굉장히 방대한 지식을 소유하고 있지만, 동시에 그 지식을 일상적인 상황에서 활용할 수 있는 능력에서는 가장 낮은 지표로 나타났고, 비표준적인 문제를 해결하는 데는 제로에 가까운 지표로 나타났다고 하는데, 이것은 그리 놀라운 일이 아니라고 생각한다.

새로운 교육 패러다임은 새로운 접근방식에 초점을 둔 새로운 교육목표를 필요로 하고 있으므로 전통적으로 존재하는 것을 갱신하고 계발하기 위한 새로운 교수법 원칙과 새로운 목표에 적합한 창의 혁신적인 교육 공학 연구를 요구하고 있다. 여기에 컴퓨터를 활용한 지적 시스템인 추리코프(В.М.Цуриков)의 '발명 기계', 미뜨로파노프(В.В. Митрофанов)의 '발견 기계' 등과 같은 유형의 유기적인 총체로서의 컴퓨터 지원 교육까지도 포함된다. 또한 창의적 활동의 동기화를 위한 기술적 방법들과 창의 능력 계발, 다양한 자료들을 활용한 지적 운동, 갈라바롬까(головоломка: 두뇌계발), 그리고 상상력을 불러일으키고 놀라움을 일으키는 대상물들을 통한 교육까지도 포함시킬 수 있다.

90년대 말 까지만 해도 대학에서 교수는 자기의 과목을 잘 알고 자신의 지식을 학생에게 잘 전달해주는 것만으로 충분하고, 학생이 사고하는 것은 시간이 지날수록 스스로 배우게 된다는 견해가 확고했었다. 하지만 실제 삶의 현장은 그렇지 않다는 것을 여실히 보여주었다.

공과대 출신 졸업생들(1972-1989)을 대상으로 우리가 실시한 교육 연구에서는 대학교를 졸업한 후 오직 소수의 사람들만이 복잡한 현실적인 기업 문제를 해결할 수 있는 것으로 나타났다. 나머지 다수의 졸업생들은 준비되어있지도 않아서 독자적으로도 창의적으로도 현실적인 문제를 해결할 수 없었다.

따라서 미래 전문가를 충분히 준비시키기 위해서는 기본적이고 전문적인 지식의 핵심을 전달하는 것 이외에도 학생들이 일반적으로 생각하는 것, 특히 창의적으로 사고하는 능력을 전문적으로 가르쳐야 한다. 이 두 과정이 상호 보완, 상호 작용이 되어야만 주어진 상황이 매우 난해하고 복잡할지라도 생산적이고 정보기술의 빠른 변화에 쉽게 적응할 수 있는 창의적인 활동가인 동시에 현대적인 전문가를 준비시킬 수 있다.

하지만 학생들을 사고하도록 가르치고 평범하지 않은 아이디어들을 창안하고 그 아이디어를 실현하도록 하는 것은 그리 쉬운 일은 아니다. 이러한 교육 과정의 출발점으로 창의적 활동의 효과적인 방법들을 가르쳐야 한다. 그리하여 본서에서는 이미 러시아에서 출발하여 유럽, 미국, 일본, 독립국가연합, 이스라엘 등 많은 나라들에서 교육, 활용되고 있는 창의적 방법론인 트리즈(TRIZ)를 제시하고자 한다.

효과적인 창의적 방법론인 트리즈는 러시아에서 만들어졌고 현재 여러 나라들에 소개되어 활용되고 있지만 아직까지도 학생들을 잘 가르칠 수 있는 전문가와 교재들이 충분하지 않은 실정이다. 트리즈 이론의 창시자 알트슐러(Г.С. Альтшуллер)의 연구 학파는 러시아 내에서만 약 600여명 이상으로 구성되어 있으며 러시아의 지적 엘리트들이라 할 수 있다. 이들은 끊임없는 부단한 연구와 교육 활동을 통해 학생들의 창의적 잠재력을 향상시키고 있으며, 학생들의 창의력 교육에 트리즈 기법들을 적극 활용하고 있다.

실제적으로 학생들의 창의적 잠재력 향상과 창의력 계발에 매우 효율적인 것으로 나타나는 트리즈의 방법론을 잘 습득하고 활용하도록 해야 한다. 그리고 사고의 심리적 타성 극복, 즉 진부적인 교육으로 인해, 삶의 경험으로 인해 쌓여진 판에 박힌 사고들을 극복하는 방법을 학생들에게 가르치는 것이 필요하고, 창의적인 상상력을 계발(RTV)시키고, 그러한 상상력을 계발하기 위한 방법들도 가르쳐야 한다. 또한 창의적 상상력을 유도하는 과정을 확인해야 한다. 고도로 발전된 상상력 없이는 창의적인 방법론의 모든 지적 도구와 장치를 활용할 수 없으며, 창의적 해결을 통한 예측되는 결과를 상상할 수도 없다.

하지만 창의적인 상상력과 사고 발달은 오랜 시간을 요하는 과정이므로 만족스러운 결과를 얻기 위해서는 어린 나이부터, 좀 더 일찍부터 시작하는 것이 좋다. 이러한 이유로 모스크바국립산업대학교(МГИУ)의 과학교육기술 창의력 센터(МНОЦИТ)에서 지노프끼나(M.M. Zinovkina) 박사를 중심으로 처음으로 "트리즈를 기반으로 한 지속적인 창의 교육 시스템(NFTM-TRIZ)"이 연구되었고, 그 뒤 모스크바국립산업대학교(МГИУ) 내 "지속적인 창의 교육 시스템(NFTM-TRIZ) 센터"에서 본격적인 연구와 교육 실습을 통해 교육 과정의 모든 단계에서의 창의적 문제해결 이론과 창의적인 상상력 계발을 위한 교육 과목들의 시스템이 만들어졌다. 또한 이를 바탕으로 창의 교육 시스템이 지속적인 교육을 통해 창의력 형성이 가능하도록 "모든 교육 단계에서 이루어지는 지속적인 창의적 향상 교육 시스템(NFTM-TRIZ)"이 개발되었다.

〔그림 1〕에는 모든 교육 단계에서 가능한, 즉 취학 전 아동 교육 과정, 초·중·고등학교, 전문고등학교, 전문대학 및 대학교, 대학원 교육 과정이 포함된 모든 교육 단계에서 이루어지는 NFTM-TRIZ 교육 시스템을 집약적으로 제시하고 있다. 이 도표에는 그러한 교육을 현실화하기 위한 수업 내용의 전략도 소개하고 있다.

〔그림 1〕에서 보는 바와 같이 이 시스템은 창의적인 상상력 계발(RTV)과 창의력 방법론을 교육의 중심 부분으로 소개하고 있다. 이 부분은 모든 창의적인 상상력 계발과 공상력 계발 방법론을 바탕으로 하여 학교 교과과정에서 배우게 되는 모든 내용들을 통합하고 있다. 소개된 전략들은 창의적인 교육 기술을 발달시키고 현실화하는 데 사용된다.

여기서 중요한 것은 학생들의 지속성과 연속성을 시스템화하는 요인이라 할 수 있다. 시스템화하는 요인은 교육 과정에서 나타나는 학생들의 활동적이고 창의적인 면을 활용하는 것이다. 다른 프로그램들과 차별화를 이루는 NFTM- TRIZ의 특징은 교육 대상인 학생이 창의력의 주체가 되고, 습득해야 할 대상인 교과 자료는 여러 창조적인 목표를 달성하기위한 수단이 된다는 데 있다.

NFTM-TRIZ의 모든 하위 시스템의 목표는 교육과정에서 학생들의 주요한 창의적인 개인 특징들, 즉 창의성, 영성, 지성, 전문성, 도덕성, 신체건강을 강화하고 조화롭게 계발하며, 자기 발달, 자기 훈련, 자기실현을 제공하는 데 있다. 학문과 교육에 대한 이러한 목표는 "트리즈를 기반으로 한 지속적인 창의력 향상 교육 시스템(NFTM-TRIZ)" 센터의 상징 마크 속에 잘 표현되어 있다[그림 2].

NFTM-TRIZ 시스템은 학생들에게 장래에 창의적인 모든 기술 활동을 위해 기술적인 창의 도구들과 기구들을 사용하는 방법들만 손에 쥐어주는 것이 아니라, 이외에도 도덕적으로 창의적인 삶의 형상을 갖추도록 준비시킨다. 그리하여 학생들은 대학을 졸업한 후에도 계속해서 지속적인 자기 개선을 할 수 있는 가능성이 크다.

하지만 이러한 창의적인 도구들을 사용하는 방법은 대학 졸업생들, 즉 젊은 전문가들의 일에만 필요한 것은 아니다. 인문학과 사회과학, 일반 기술학 및 다른 전문분야의 대학 교수, 교사, 전문인들에게도 필요하다고 생각한다. NFTM-TRIZ 시스템은 기존 교육을 모방하는 것에 그치지

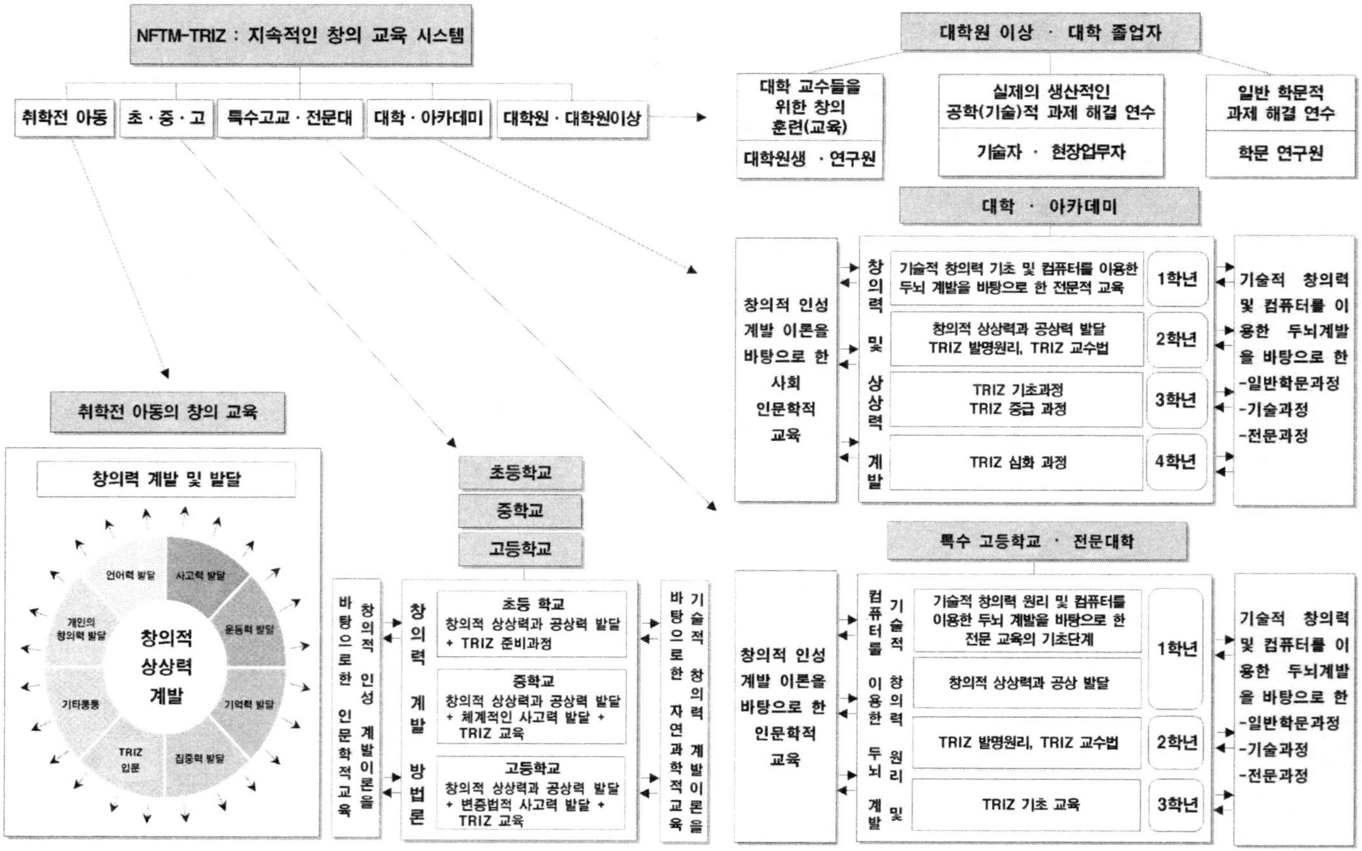

[그림 1] NFTM-TIRZ 창의 교육 시스템의 기본 운영 구조

〔그림 2〕 NFTM-TRIZ 창의 교육 시스템의 상징 마크

않고 창의적인 교육으로의 가능성을 보장할 뿐만 아니라 창의적 교육의 향상 및 교육을 위한 도구들을 준비하게 한다. 따라서 지식 사용자인 전문가를 준비 시키는 것에 머무르지 않고 활동적이고, 창의적으로 생각하는 전문가를 준비시킨다. 전통적으로 이루어져 온 교육 시스템을 반성적으로 분석해 보는 것은 어떤 의미에서는 흥미롭다 할 수 있다. 알트슐러가 밝히고 있듯, 교육학과 관련된 사회적 시스템은 기술적 시스템인 S

곡선과 비슷하게 발전한다는 것은 잘 알려져 있다. 곡선은 시간에 따라 교육학 시스템의 중요한 평가가 어떻게 변하는가를 보여준다[그림 3].

[그림 3]에서 가운데 S선은 코멘스키(Komensky), 루소(Rousseau), 페스탈로치(Pestalozzi), 지스테르베그(A.Дистервег), 라디쇠브(A.H. Радишев), 벨린스키(В.Г.Белинский), 우쉰스키(К.Д.Ушинский), 톨스토이(Л.Н.Толстой) 등의 인물들이 역사를 주도하던 시기에 이루어진 전통적인 교육 시스템의 '성장' 선을 나타낸 것이다. S'는 지속적인 창의 교육이 모든 교육 단계에서 이루어지는 시스템의 '성장' 선을 의미한다.

가로좌표 축에 있는 T는 시스템의 '성장' 시간을 나타낸다. 여기서 I는 시스템이 형성, 생성, 등장한 시기를, Ⅱ는 시스템이 활발하게 발전된 시기를, Ⅲ는 시스템을 '생산'하고 '무대에서 은퇴'하는, 즉 쇠퇴하는 시기를, I`는 앞서 진행된 시스템이 물러가는 자리에 대신 생성되어 등장하는 새로운 시스템의 발생 시기를 의미한다.

세로 좌표 N은 이 시스템이 발전한 각 시기별로 교육 시스템의 효과성을 통합적인 지수로 나타낸 것이다. 이것은 발전하는 사회의 요구에 맞추어 학생들이 적응을 하고 자신의 교육적 요구가 충족되고 있음을 의미한다.

교육적 시스템을 포함하여 다양한 사회적 시스템에서 이러한 곡선은 개별적인 특성을 가지고 있는 것이 당연하지만, 항상 거기에는 반곡점과 간략하고 강도 있는 곡선으로 표시할 수 있는 특징적인 구역이 있다.

시스템의 발생과정에서 처음에는 발전이 서서히 이루어진다(구역 Ⅰ). 장시간 동안 교육학적 실험들이 이루어지고, 보다 정확한 가설 정립, 새로운 접근, 원리, 교육공학, 교육 및 훈육 방법, 교수법적이고 방법론적인 자료와 교재를 발전시킨다. 그 뒤 교육 실습 속에서 시스템의 능률과 효과가 증명될 때 시스템은 빠르게 발전하기 시작하며 대대적으로 응용

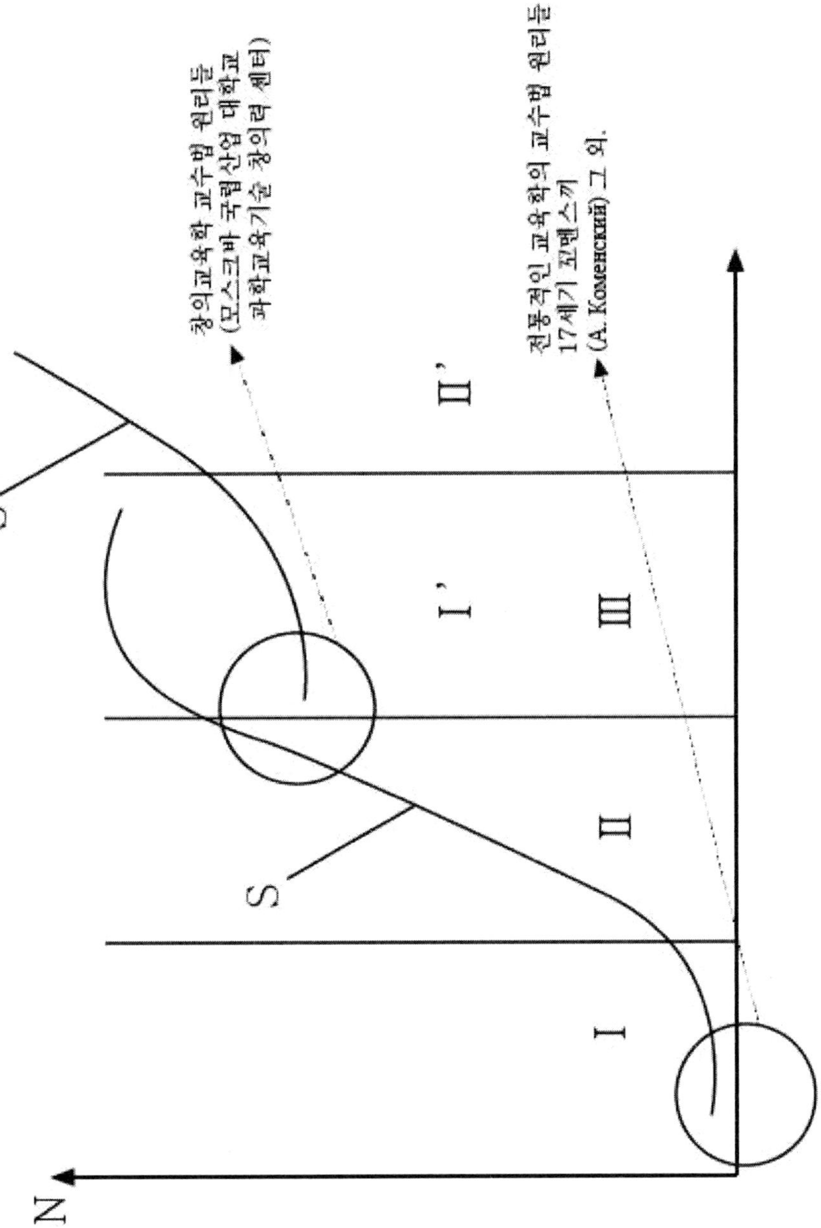

[그림 3] 교육 시스템의 '성장'선

된다(구역 Ⅱ). 그런데 어느 순간부터인가 발전의 속도가 느려지기 시작하고 '퇴화'되기 시작하며, 시스템 자체는 사회 발전 수준의 요구에 상응하는 근본적으로 다른 시스템으로 교체되면서 쇠퇴하게 된다.

한 구역에서 다른 구역으로 옮겨지는 과정에서 교사들의 적극성이 바뀌게 된다. 방법론적 혁신의 개수는 시스템을 대대적으로 응용하는 단계로까지 갈 때 증가한다. 교사들이 평탄한 교육 시스템을 성장시키려고 하는 점도 특징적이라 할 수 있다. 그러나 시스템을 개선하려는 수준의 변화는 바뀐다. 만약 방법론적인 시스템을 바탕으로 하여 만들어지는 처음 개선들이 항상 높은 수준이라면, 점점 그것의 수준은 낮아지면서 하락하게 된다. 그것들의 효과성은 거의 제로가 된다. 그 사이 새로운 사회적 발명, 새로운 원리 혹은 높은 수준의 시스템 원리들이 나타나지만, 이미 이것들은 이전 것을 대체하고 새로운 시스템에 속하게 된다.

여기서 교육 시스템의 발전에 대한 분석은 구역 III에서 많은 세부적인 방법론적인 개선과 상대적으로 빨리 그것들을 도입하려는 경향을 보여 주고 있음에도 불구하고, 이것이 쇠퇴하는 시스템을 복구할 수는 없다는 것을 기억해야 한다는 점을 강조하려 한다.

이 경우 30년 앞을 내다보면서 새로운 교수법 원리의 윤곽을 살펴보고, 기존 시스템이 빠르게 현대화되는 것을 거부하고, 많은 사람들에게 알려지지 않은 전통적으로 형성된 시스템으로의 교체를 선택하는 것은 쉽지 않았을 것이다. 확실히 전통적인 시스템은 오래되고 쇠퇴하고 고갈되었을 때, 그리고 창의적인 성공에 가망이 없어 이전 시스템은 더 이상 소생 할 수 없는 가장 낮은 수준의 교육학적인 개선을 계속하고 있을 때가 가장 놀랍다. 여기에는 사회적인 요인들도 작용한다.

실제로 오늘날까지 살아남은 전통적으로 이루어져 온 교육 시스템의 후반기, 즉 19세기 말에서 20세기 초의 전통적인 교육학을 개선하여 다량의 교육학적인 모델들과 기술들이 발생한 것을 볼 수 있다. 이것은 예를 들어, 톨스토이(Л. Н. Толостой)의 '자유로운 양육의 러시아 학교', 러시아 벤첼(К.Н. Вентцель)의 '자유로운 아이의 집', 이탈리아 정신학 전문의이자 교육학자인 마리야 몬테소리(Maria Montessori)의 '어린이의 집', 루돌프 슈타이너(Rudolf Steiner) 교육학의 '볼도르프 학교', 뻬쩨르센(П. Петерсен)의 '폭력과 처벌이 없는 학교', 프랑스 학자이자 교육가인 쁘레네(frene)의 '폭력없는 학교', 미국의 학자이자 교육가인 도널드 하워드(Donald Howard)의 '내일의 학교', 네덜란드 학자들이자 교육가들의 경험을 모은 '통합 모델 학교', 미국의 사회학자이자 철학자, 개혁자인 존 듀이(John Dewey)의 실용주의적인 모델 학교인 '프로젝트 방법' 등이 있다. 듀이는 교육과정의 본질은 새로운 무언가를 끊임없이 실현화하는 것을 발견하는 것이라고 말하고 있다. 아이는 창의적인 사고를 바탕으로 해서 배우게 되는데, 이 때 각 해결된 과제는 창조적인 활동이며, 이때 아이가 주위 환경 및 사회적인 환경과의 접촉이 일어난다. 이상의 각 학교들에서 아이들은 교육 시스템의 중심이 된다.

전통적인 교육체계의 3번째 기간인 20세기의 60년대에는 초등학교를 위한 다양한 교육 시스템들이 생겨났다. 예를 들어 잔코프(Л.В. Занков)의 시스템을 들 수 있다. 교육학자이자 교육심리학자인 우쉰스끼(Л.С. Ушинский), 비고츠끼(Л.С. Выготский), 레온찌예프(А.Н. Леонтьев), 아난예프(Б.Г. Ананьев) 등의 학문 연구들을 바탕으로 하여 잔코프는 초등학생 연령 아이들의 교육과 발달에 관한 독창적인 교수법으로 '실험적인' 시스템을 개발하였다. 그는 효율성 기준의 예로 아이의 일반적인 발달단계를 바탕으로 설명하고 있다.

또 다른 흥미롭고 중요한 다른 교육 발전 시스템으로 엘꼬닌(Д.Б. Эльконин)과 다브이도프(В.В. Давыдов)의 시스템을 들 수 있다. 이 시스템 역시 러시아의 교육 심리학자들인 비고츠끼(Л.С. Выготский), 레온찌예프(А.Н. Леонтьев), 갈뻬린(П.Я. Гальперин)의 기본 연구들에 기반을 두고 있다. 이 시스템에서는 특별히 취학 전 아동을 위해서는 놀이를 바탕으로, 초등학교 아동들을 위해서는 교육 활동을 바탕으로 고안되었다는 것이 중요하다. 또한 취학 전 아동들과 초등학생들을 위해 아이들의 정신 발달 시기를 구분하고 있으며 창의력, 상상력, 공상력과 같은 영역들에 더 큰 관심을 두고 있다.

또한 아모나쉬빌리(Ш.А. Амонашвили)의 자유롭게 아이들을 양육하는 것을 지향하는 '인문 교육학'이라는 러시아 시스템도 주목해야 한다. 이 시스템의 요점은 교사가 자연적으로 형성된 아동들의 능력들(잠재력)을 발견하고 그것을 계발시키는데 도움을 주어야만 한다는 것이다. 이 시스템은 비고츠키(Л.С. Выготский), 잔꼬프(Л.В. Занков), 다브이도프(В.В. Давыдов)의 연구들에 기반을 두고 있다.

이 시기에 따라소프(Л.В. Тарасов)의 '생태학과 변증법'이라는 발전적인 교육 시스템도 나타났다. 이 시스템에서는 새로운 방법론적인 접근 형태로서 '생태학'이 가장 우선적인 자리를 차지하고 있다. 이 시스템은 학생들을 간접적인 관찰자에서 주위환경을 만드는 적극적인 창조자, 개인적으로 관심을 갖는 연구자로 전환시켜주는 일관된 통합 과정들을 도입하고 있다.

비블레르(В.С. Библер)의 '정보교환 문화 학교'라는 개념도 흥미롭다. 이 개념에 따르면 아이의 사고 능력의 발전은 지속적인 주기 '의식-사고-의식' 속에서 일어난다고 한다. 중요한 요인으로서 아이 개인의 인성을 변화시킬 수 있는 사고 행위로서 놀라움(удивление)을 들고 있으며, 또한 아이들의 문화적 활동에 바탕이 되는 비전통적인 놀이들, 즉, 신체놀이, 어휘 놀이, 음악 놀이, 연극 놀이 등이 이의 기본을 이루고 있다. 그리고 이 시스템에서 주목되는 부분은 그 중심에 학생 개개인의 독특함, 개성을 고려한 교육이라는 점이다.

1980년대 초에 활동적이고 적극적인 교육 형태로서 문제적·알고리즘 시스템의 개념이 지노프키나 교수를 중심으로 나타났다. 그 당시 조직적이고 기능적인, 그리고 기호적인 모형들, 교수법적인 원칙들이 더욱 명확해지는 이론적인 기반들이 발전되고 있었고 교육적 실험이 시작되고 있었다. 처음에는 한 대학교에서 실시된 수업이 점차적으로 여러 대학의 여러 전공 분야들에서 시행하는 수업들로 확장되었다. 이 시스템에서는 학생의 인성 연구, 학생 집단에 대한 진단이 중심적인 위치를 차지한다.

창작 활동을 하는 방법들을 학생들에게 교육하고, 교사들과의 공동 활동을 통해 학습 과정에서 활발한 창의적인 활동을 하도록 한다. 이러한 참여는 학생들이 다양한 실생활 문제에 대한 창의적인 해결책을 찾도록 하여 공학·기술적인 경험을 쌓게 한다. 즉, '지적 활동' 시스템과 과제 해결 수행을 통해 체계적이고 창의적인 기술적 사고가 형성되고, 기술적인 능력과 창의력이 발전하게 된다. 연구 요소들이 복잡해지는 창의적인 문제의 시스템에서는 학생 스스로 과제를 만들고 추가적인 지식으로 창조적인 과제를 해결하기 위해 스스로 필수적인 요소들을 찾아 가는 것이 필요하다. 즉, 창의적인 사고의 체계성을 형성하도록 하는 단계별 내용들, 즉, 일방적인 방향, 활동의 구조화, 단계-도식 알고리즘, 문제적 상황들에 기초한 발전적 활동, 실용단계와 컴퓨터를 활용한 발전적 절차 등이 상호작용하면서 발달된다. 창의적인 활동의 과정에서는 미래의 전문인으로서 창의적인 개인의 뛰어난 창조적 특질이 형성 되도록 한다. 커뮤니케이션 자질의 계발과 교육 정보의 제시와 제출 방법에 따른 공학적 사고를 발전시키는 독특한 알고리즘 문제가 연구되었다.

그 시기에 통합 교육 기법, 모듈 교육 기법, 문제 기반의 교육 기법(М.И. Махмутов), 대학생들의 활성문제 알고리즘 학습기술(М.М. Зиновкина), 학생 개개인의 학습 스타일을 고려한 그룹 교육 기술(Бетти Лу Ливер), 학습 교재의 기호와 도표를 기반으로 한 교육의 집약화 기술(В.Ф. Шаталов), 통합 교육 활동을 통한 미래 선진 교육의 기술(С.Н. Лысенкова), 개별-그룹 교육의 기술, 교육의 멀티미디어 기술, 메타포적 사고에 기초한 그룹 탐색 활동 기술 등을 비롯하여 다른 많은 교수 및 학습 기술들이 나타나고 있다.

특정 과목에 대한 '몰입 교수법', 단체 교육 방법인 '하나로 움직이는 쌍교육법', 학습의 집단 형태의 변형, 구제예프(В.В. Гузеев)의 그룹 교육 기법, 학습 분야의 지식을 통합하기 위한 방법, 소크라테스의 발전적인 질문을 활용한 교육 방법 같은 새로운 기법과 소규모의 개선된 교수법들이 많이 등장했다. 볼꼬프(Н.П. Волков)에 따르면 창의 수업은 브레인스토밍, 강의 수업, 세미나 수업, 역할 게임 수업, 연극 수업, 미술의 요소와 통합 수업, 경쟁 수업, 분쟁 수업 등으로 교육 시스템이 다양하게 발달되어 왔다.

19세기 중반부터 20세기 말까지 존재했던 개념, 혁신적 기술, 새로운 방법들의 분석은 지속적으로, 그리고 천천히 우수한 교육 경험이 일반적인 교육 사상을 학생들의 잠재적 창조 능력과 가능성 계발, 그리고 그들의 창의적 사고력 형성 계발을 추구하고자 하는 방향으로 바꾸고 있다는 것을 보여주고 있다. 이러한 분석은 또한 추상적인 평균 정도의 학생도, 지식의 합산도 아닌, 학생 개개인에 대한 개별적 및 개인적 접근이 시스템의 중심이 된다는 것을 보여준다. 연구에서 학생 개인의 심리적 특징과 개별적 스타일을 향후 고려하는데 좀 더 큰 의미를 부여하고, 학습과정에서 창의적 그룹은 컴퓨터를 활용한 상호작용 등에 초점을 맞추고, 교육 공학에서는 멀티미디어 기술의 활용에 보다 더 큰 관심을 기울인다. 이론 연구 그리고 게임 기술 연구, 게임들에 본질적인 관심을 기울인다.

교육에서 새로운 보편적인 개념들과 혁신적 기술의 결과들, 또한 본래 기초 연구 및 발명 문제 해결 이론 전문가들, 학자, 교사 그리고 심리학자들의 연구 결과들을 기반으로 하여 모스크바국립산업대학교(МГИУ)에 있는 과학교육기술 창의력 센터(МНОЦИТ)에서 모든 교육 수준들에서 지속적으로 창의 교육을 할 수 있는 적합한 교육적 기초들의 개념들을 종합하고, 분석하고 학습 자료들을 개발하여 실현화시켰다.

이러한 목적으로 개발된 NFTM-TRIZ는 체계적이고 멀티적인 창조적 사고의 지속적인 형성, 그리고 다양한 학생들의 창조적 능력 계발 및 발전을 목표로 하는데, 더 종합적으로 말하면 한 개인의 창조력 계발에 목표를 둔다.

〔그림 4〕는 모든 수준의 학생들이 지속적인 창의 교육(NFTM-TRIZ)의 시스템을 통해 창의적 인성을 형성할 수 있는 과정을 모형으로 제시하고 있다.

NFTM-TRIZ 창의 교육 시스템의 목표는 무엇보다도 학습과정에서 먼저 타성에 젖은 사고 경향을 탈피하고 개인의 창의적 자질을 교육하는 데 있다.

NFTM-TRIZ가 강조하는 창의 기술은 특별히 조성한 긍정적인 정서적 배경, 우호적인 창의 교육 환경과 개인평가를 포함한 조직적인 평가시스템, 자유롭게 생각을 표현할 수 있는 수업, 창의적 과제와 프로젝트를 선택할 수 있는 자유, 공동제작의 주요한 교훈적 원칙 실현, 폭넓은 경쟁 원칙 사용, 'Docendo discimus(우리는 가르침으로써 스스로 배운다)'의 교수법적인 원리 등을 통해 학생들의 사고를 연마하는 것을 주된 과제로 삼고 있다. 모든 교육과정에서 이루어지는 NFTM-TRIZ 시스템의 특성은 〈표 1〉과 같다.

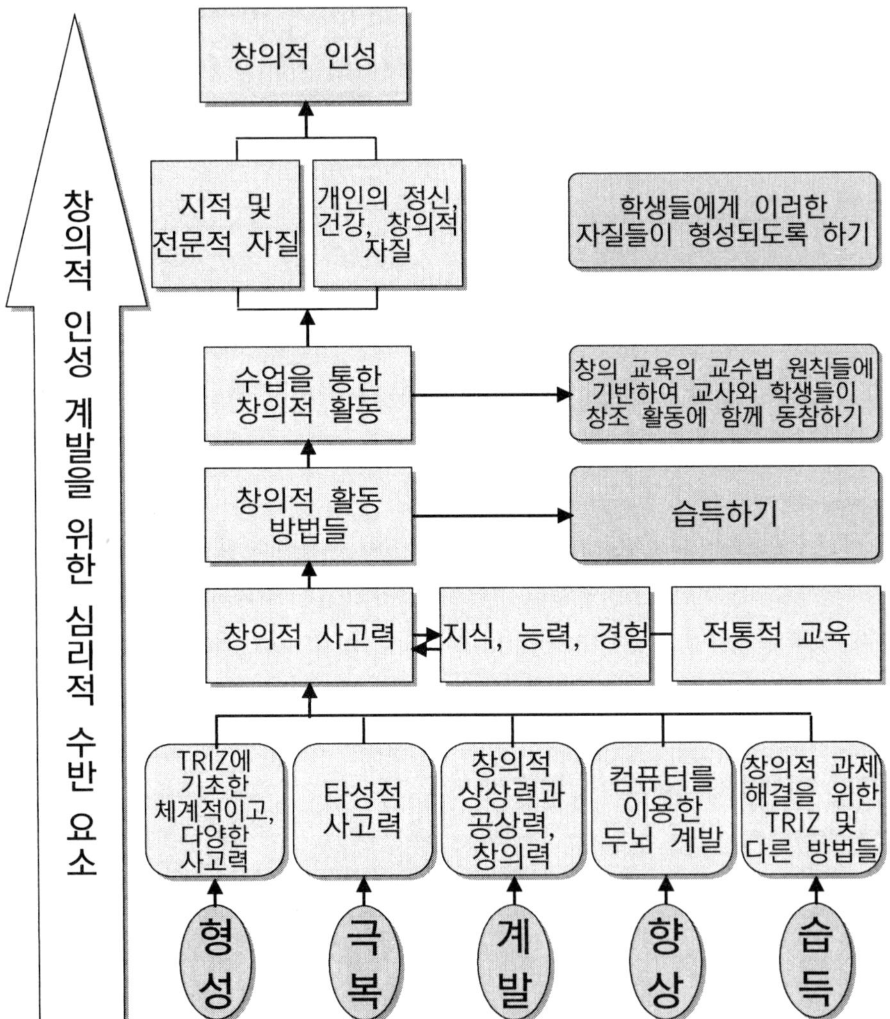

[그림 4] NFTM-TRIZ에 기초한 창의적 인성 형성 모형

<표 1> NFTM-TRIZ 창의 교육 시스템의 기본 특성

구분	내용
교육 시스템 적용 수준	교육이 가능한 모든 연령: 취학전 아동에서부터 대학원 이상까지
철학적 기반	인간 중심 교육
계발의 주요 요소	심리·정서·인성 영역
개인 발달을 위한 중심 요소	운영 및 사고 능력
수업 형태	학급 수업, 그룹 수업, 창의 그룹, 개별 수업, 실험· 컴퓨터 실습
습득 단계	창의력이 계발되는 수준
내용 특징	일반, 인문, 직업 교육
학생들의 참여 형태	공동창작 수업
주요 계발 부분	체계적인 사고력과 창의력 계발
학생들 교육 수준	취학 전 아동 교육 기관, 초·중·고등학교, 대학·대학원, 아카데미 기관.

오늘날 사회 경제적 상황들이 재빠르게 변하면서 과학 기술 정보, 컴퓨터 공학, 정보 기술이 급속도로 성장하고, 세계적 규모의 통신 네트워크의 발달, 빠른 생산 기술의 변화와 과학 기술 진보의 가속화 등 다양한 과학 기술적 전개 과정에 있어서 현대인들로 하여금 생활과 직장에서 창조적 준비를 해야만 하도록 하고 있다. 따라서 인간은 교육의 모든 시스템을 동원하여 이에 대비해야 한다.

비록 30여 년 전 이러한 교육적 예견이 있어 왔고 이에 대한 필수불가결한 방법과 수단을 제안했다 하더라도 과학기술 혁명과 현대 사회의 변화는 교훈적 원칙과 교육 기술을 지체 없이 변경하도록 요구한다.

교육 현장에서의 요구사항과 교육 상황들을 분석해 볼 때 모든 교육 단계들에서 **NFTM-TRIZ** 교육이 가장 적합한 미래 지향적인 교육 중 하나라는 것을 보여주었고, 이의 최종 목적은 모든 교육 단계들, 즉, 취학전 아동 교육 기관, 초등 및 중등 교육 기관, 고등 교육 기관 등에서의 교육을 거치는 과정에서 높은 정신력, 건강한 신체, 창의적 인성을 형성하는 것이다.

NFTM-TRIZ 시스템에서는 전체 시스템이 본래 지니고 있는 창의적인 혁신적 교육 기술을 통해 학습과정을 구현하는 교수법 기본 원칙들을 제시하고 있다. 교수법 원칙은 학습 목표와 방법, 도구, 양식에 관한 것으로 학생들의 목표 달성을 위한 모든 교육학적 상황들에서 효율적인 교육 효과를 위해 수립한 지침들이다. **NFTM-TRIZ** 시스템에서는 22가지 기본적인 교수법 원칙들을 제시하고 있는데 그 내용은 〈표 2〉에서 보는 바와 같다.

또한 지속적인 창의 교육 시스템에서는 창의적인 인간의 자질을 제시하고 있다. 이와 같이 **NFTM-TRIZ** 시스템에서는 학생들의 창의 교육과 창의 활동을 하기 위해 필요한 모든 다양한 방법들을 제공해 줄 뿐 아니라, 학생들의 인성과 도덕성 발달에도 관심을 갖고 이를 교육한다.

NFTM-TRIZ 시스템에서 모든 교육 활동을 통해 지향하는 창의적 인간의 특성을 일목요연하게 제시하면 〈표 3〉과 같다.

그리고 본 교육 시스템에서는 학교 현장에서의 창의 교육 실행을 위해 혁신적인 수업 모형을 제시하였다. 그것은 수업 구조의 변화를 통한 효율적인 창의 교육을 위해 앞에서 제시했던 기본적인 교수법적인 원칙들을 실현하도록 제안한다. 〔그림 5〕에서는 창의 교육을 위한 이중 구조의 수업 형태를 제시해준다. 각 칸에 적혀있는 알파벳 약어는 각 단계를 나타내는 러시아어 약어이다.

<표 2> NFTM-TRIZ 창의 교육 시스템 교수법의 기본 원칙

구분	내 용
1	학생들(개인별, 집단별)의 인성 및 심리 진단 원칙
2	창의력을 통한 인성 계발 및 교육 원칙
3	지속적인 창의력 계발 원칙
4	창의력 계발의 연계성 원칙
5	탐색 활동 원칙
6	창의적 자아실현 원칙
7	체계적인 창의력 계발 이론과 국가교육과정과의 연계
8	공동 제작 원칙-교사와 학생의 공동 참여
9	창의적 활동 방법 및 창의적 과제 해결 방법 교육 원칙
10	과목 내용의 문제성 및 알고리즘 합성 원칙
11	긍정적인 정서적 환경 조성 원칙
12	트리즈 이론과 전 과목 통합 교육 원칙
13	체계적인 사고력 형성 원칙
14	환경 친화적 해결 원칙
15	사고 전달 기능 강화 원칙
16	스스로 배우기 원칙
17	민주적 교육 과정 및 자유로운 해결책 원칙
18	연속적인 창의력 계발 원칙
19	학습자의 창의력 및 창의성 계발을 위한 컴퓨터 이용 원칙
20	이동 통신에 기반 한 자기 주도적 학습 원칙
21	지속적인 자기계발과 자아실현 원칙
22	경쟁 원칙

<표 3> NFTM-TRIZ 창의 교육 시스템이 추구하는 창의적 인간의 특성

구분	내용
1	사회적으로 유용한 가치 있는 사람
2	정기적으로 자신의 실적들을 모니터링 하는 가운데 목표 달성을 위한 계획을 수립
3	계획 실행에 있어서 높은 효율성
4	문제 해결을 위한 훌륭한 기술력
5	어려운 과제를 풀 수 있는 능력
6	결과성
7	창의적 방법론 활용
8	호기심
9	인내와 결단력
10	자신감
11	비판력과 자기비평, 자기평가에 있어 겸손함
12	위험을 감수할 의지와 위험을 감수하는 능력
13	유희, 유머를 즐기는 경향
14	주의력 계발
15	상상력 계발
16	두뇌계발 능력
17	원만한 대인관계
18	타인들과 협력해서 일하는 능력
19	창의활동에 있어서 윤리 준수와 도덕성
20	건강과 육체적 지구력에 대한 단련
21	자신의 외부 및 내부 세계와의 조화
22	지속적인 자기 계발, 자기 향상, 자기실현에 대한 필요성

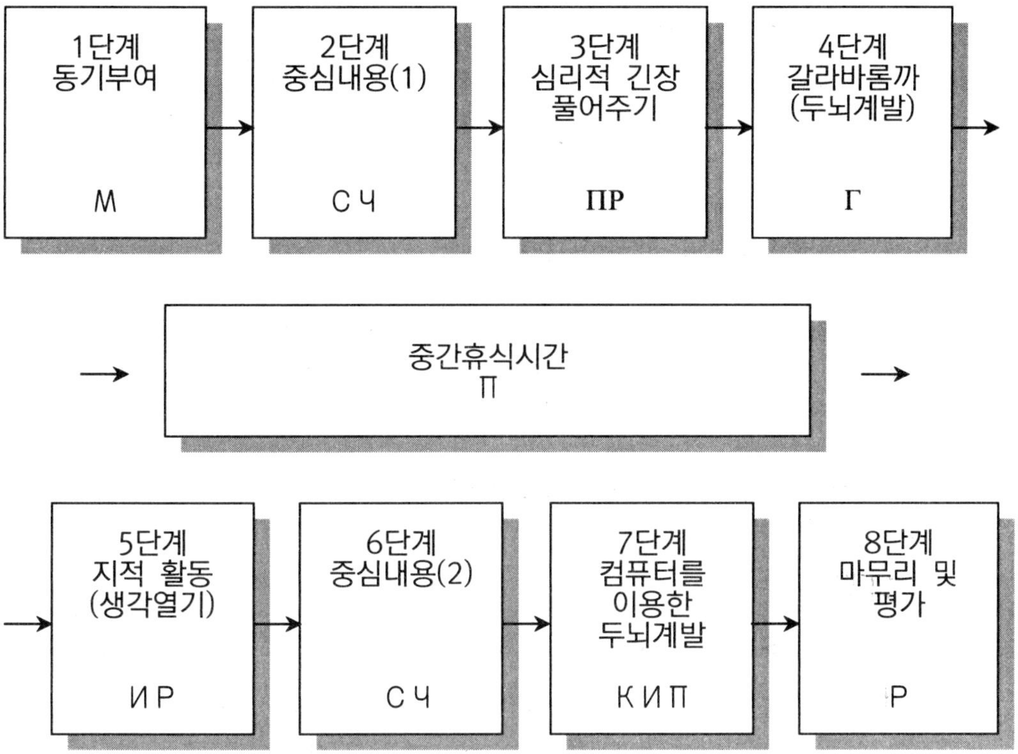

〔그림 5〕 NFTM-TRIZ 창의 수업 구조

다음은 각 수업 단계에 대한 간략한 소개이다.

■ 단계 1(동기부여)

학생에게 놀라움을 불러일으킬 수 있는 어떠한 특별한 대상(물체)을 선택하여 보여준다. 이 단계는 수업에 대한 학생들의 동기 부여를 제공하고 수업에 대한 호기심을 갖도록 한다.

■ 단계 2와 6(중심내용)

학습 과정에 맞는 프로그램 자료 및 중심 내용을 소재로 하며, 체계적인 사고력 형성과 창의력 계발을 위한 내용들이 제공된다.

■ 단계 3 (심리적 긴장풀기)

심리적 긴장풀기는 대뇌 반구 발달의 조화를 위한 연습, 청각 훈련, 스포츠, 정서적 게임, 연극적 게임을 통해 실현된다.

■ 단계 4 (갈라바롬까 - 두뇌계발)

갈라바롬까는 어떠한 대상, 물체, 학습 자료들을 통해 독특하고 다양한 아이디어들을 이끌어 내어 과제 수행을 할 수 있도록 돕는 두뇌계발을 위한 총체적인 시스템이라 할 수 있다. 여기에는 복잡한 퍼즐, 조각 그림들, 특별히 제작된 교구 등이 해당된다. 수업시간에 학생 연령에 맞게 제공되는 갈라바롬까는 학생들을 적극적으로 창의적 활동에 참여하도록 하게 하며, 창의적 활동에 대한 동기부여를 제공하고, 창의적 상상력과 공상력 계발을 보장한다.

■ 단계 5 (지적 활동 - 생각열기)

동기 부여, 사고력 증진 및 발달, 아이디어 확장 및 개선, 논리적 사고, 유창성 및 발표력 향상, 학생들의 창의력 계발 및 발달을 목표로 한 복잡한 과제 시스템이다.

■ 단계 7 (컴퓨터를 이용한 두뇌계발)

동기부여와 사고의 발달을 보장하고 학생 연령에 맞는 컴퓨터 퍼즐 게임의 복잡한 시스템을 제공한다. 외부로 드러나는 창의 활동 수업과는 달리 컴퓨터 안 가상공간 내부에서 창의력 계발 및 향상을 위한 수업을 제공하는 단계이다.

■ 단계 8(마무리 및 평가)

수업 시간에 학생들에게 피드백을 제공하고 수업의 질과 내용에 대한 인지적 평가를 제공한다.

2

Chapter

지속적인 창의 교육 시스템 (NFTM-TRIZ)의 내용

이 장에서는 지속적인 창의 교육 시스템(NFTM-TRIZ)을 교육 대상 수준별로 각각의 하위 시스템 및 그 내용을 제시하고 있다. 즉, 취학 전 아동을 위한 창의 교육 내용 및 목표, 초·중·고등학생들을 위한 창의 교육 체계, 특수 고등학교 및 전문대학 학생들, 대학 및 대학원 이상, 대학 졸업자를 위한 **NFTM-TRIZ** 창의 교육의 구조 및 간략한 내용을 소개하고 있다.

삶이 제시하는 문제들은 유감스럽게도 학교에서 학생들이 일상적으로 푸는 문제들과 유사한 점이 매우 적다고 할 수 있다. 학교에서 학생들이 푸는 문제는 소위 말하는 '훈련된' 문제인 것이다. 학교 교육 과정은 학생들에게 '완성된' 지식과 사실, 사실에 기초한 교육을 제공하기 위해 구성된 것이다. 그런 다음 이 지식들은 실제 상황에서 문제해결을 위해 사용된다. 게다가 이러한 문제들 속에는 해결에 필요한 모든 것이 이미 주어졌으며, 또한 무엇이 요구되는지 또한 심지어 해답도 분명히 알 수 있다. 초기자료의 신뢰성은 학생들에게 의심을 불러일으키지 않는다.

창의적 문제가 훈련된 익숙한 문제와 다른 점은 본래 처음에는 그런 문제가 없다는 점이다. 인간에게 발생하는 문제 상황에서 창의적 문제가 나타나는 것은 예견된 일이다. 그와 동시에 초기자료는 모순적이고 불확실하다. 초기 자료를 더욱 비판적으로 이해하고 평가해야 한다. 보통 초기자료를 보충하고 모순해결의 방법을 찾아야할 필요가 발생한다. 이미 이 순간부터 학생은 창의적 과정에 참여하고 적극적으로 생각하기 시작한다. 학생 스스로가 제기한 문제에서 무엇을 반드시 찾아야 하는지 알 수 없고, 해답 자체도 예측할 수 없다. 익숙한 문제와 창의적 문제를 쉽게 비교하기 위해 그것들의 대조적인 특징을 아래 〈표 4〉와 같이 요약했다.

앞에서 언급한 것처럼 교육 과정은 반드시 바뀌어야 한다고 생각한다. 무엇보다 전통적인 학교에서 학생들의 인지활동을 재생적인 인지활동 [그림 6]에서 탐구적인 인지 활동 [그림 7]로 바뀌야 한다.

하지만 재생적인 교육을 완전히 거부해야 한다는 것을 의미하는 것은 아니다. 단순히 교육에 있어서 재생적인 교육의 부분을 최소한으로 국한시켜야 할 필요성이 있다고 보는 것이다.

<표 4> 익숙한 문제와 창의적 문제의 특징 비교

익숙한 문제	창의적 문제
1. 문제 해결을 위한 완벽한 정보가 들어있다	1. 상황은 주어졌지만 문제를 더 제기해야만 한다.
2. 자료는 믿을만하고 모순이 없다.	2. 자료가 모순적이거나 불확실하다.
3. 해결방법은 결정되어 있고 유일하다.	3. 해결을 위한 자료들이 불충분하거나 또는 그것이 지나치게 많다.
4. 해결방법은 예측가능하다.	4. 해결이 확률적이고 다양하다. 해답은 예측불가능하다.

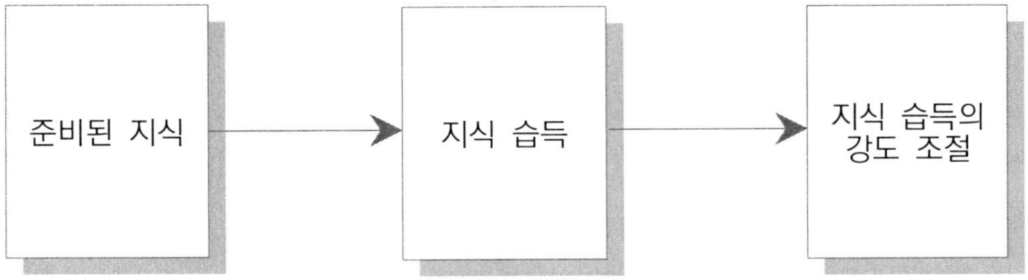

[그림 6] 재생적인 인지활동 도식

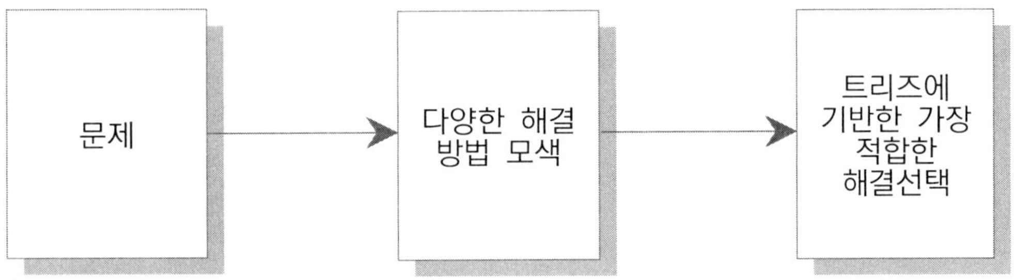

[그림 7] 탐구적인 인지활동 도식

새로운 도식으로 이동하는 것은 매우 복잡하다. 이를 위해 창의적 사고 방법론에 대한 내용들을 전 교육 과정에서 배우는 모든 지식, 모든 교육 내용 속에 포함시킬 필요가 있다. 즉, 이는 창의적인 문제 해결을 위한 방법들과 영민하고, 대담하며, 돌발적인 태도에 관한 학문이다.

창의적 사고 방법론은 교사에게나 학생에게 창의적이고 체계적인 사고 형성을 위한 지적인 도구를 제공하고, 체계적으로 세상을 바라보는 것을 가르치며, 사고 과정을 관리할 수 있도록 한다. 그 외에 지식제공은 학생들이 지식을 이해할 수 있도록 해야 한다. 이를 위해 저자에 의해 연구된 학습정보의 핵심을 제공하는 문제중심-알고리즘 형태가 존재한다.

그러한 학습계획을 수립할 때 모든 교육 과정 속에서 창의 교육을 지속적으로 하려는 것은 교육의 효율성을 보장하는 가장 중요한 요소가 될 것이다. 이것은 지노프끼나의 지속적인 창의 교육 시스템(NFTM-TRIZ)으로 학습과정을 수립할 때 보장된다.

NFTM-TRIZ 시스템에는 취학 전 아동에서부터 대학원 이상 성인에 이르기까지 지속적으로 창의 교육을 할 수 있도록 학교 교육과정에 맞추어 프로그램이 개발되어 있다. 학생의 연령에 따른 각 교육 기관에서는 창의 교육 내용이 서로 연계되면서도 연령에 따른 독자적인 창의 교육이 이루어질 수 있도록 계획되어 있다.

2-1 취학 전 아동을 위한 창의 교육 시스템

취학 전 아동들 중 5-7세 아이들을 위한 창의력 계발 교육 방법론으로 연구한 "기쁨(Радость)"이라는 교육 프로그램이 있다.

NFTM-TRIZ 창의 교육 시스템에서는 이 연령대 아이들의 창의적 인성 형성은 [그림 8]에서 제시된 창의 교육 시스템의 범주 내에서 일어난다고 보고 있다. 각 수업 구조에는 지식 전달 부분 외에도 창의력 계발을 목적으로 하는 놀이 부분이 포함되어 있다. 놀이의 형태는 반응을 살펴 볼 수 있는 놀이들로, 그 놀이들은 순서대로 진행된다. 그 내용은 아이들의 지적이고 창조적인 활동성을 높이고 아이들의 관심을 불러일으키며 긍정적 감정을 유발시키는 것이다.

아이들은 해결책을 찾는 창의성에 관심을 가지면서 새로운 활동을 빠르게 습득하고 상황의 새로운 측면을 발견한다. 결과적으로 사고의 과감성, 예측하지 못한 아이디어들, 문제의 본질을 빨리 찾아내는 능력, 이전에 습득한 지식을 스스로 구조화 할 수 있는 능력, 새로운 아이디어들을 생성할 수 있는 능력 등이 생겨난다. 아이들에게 잠재되어있는 창조적이고 공상적인 상상력을 계발 및 발달시키는 것이다.

취학 전 아동의 창의 교육

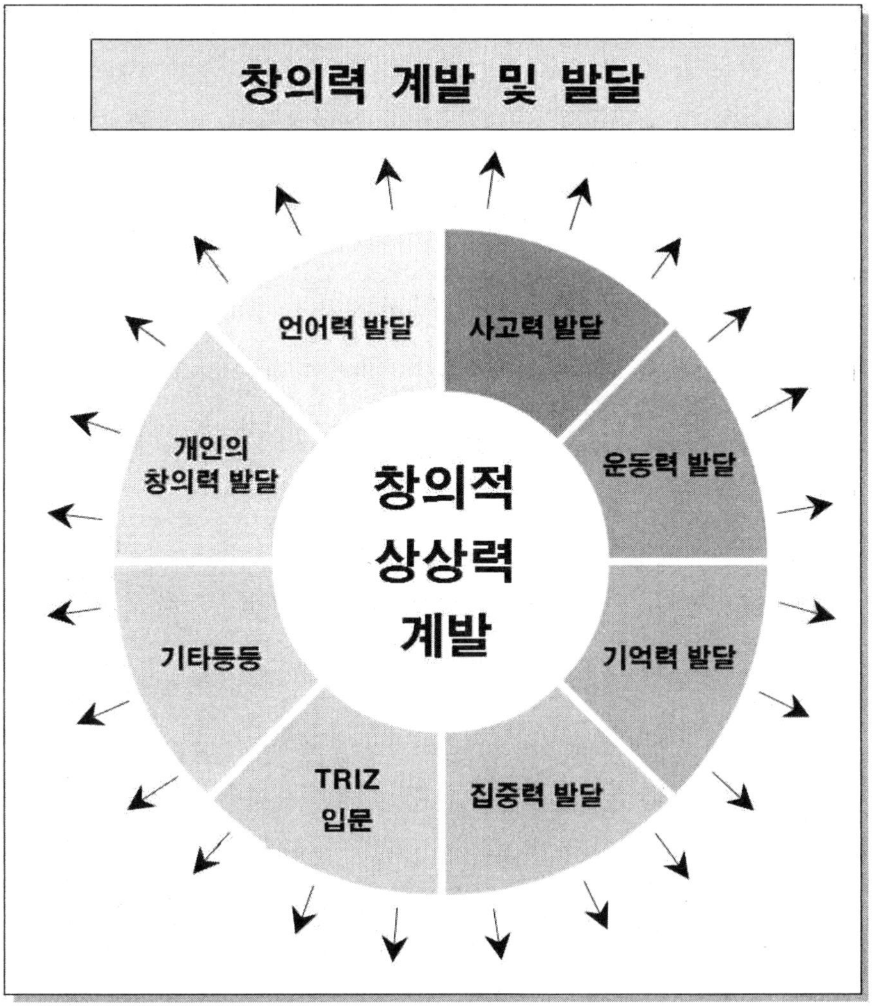

[그림 8] 취학 전 아동을 위한 NFTM-TRIZ 프로그램

2-2 초·중·고등학생을 위한 창의 교육 시스템

초·중·고등학생들을 대상으로 한 NFTM-TRIZ 시스템은 학생들의 인지적, 심리적 수준을 고려한 트리즈 원리와 학교 교과목간의 연계를 추구하는 창의 교육 내용으로 이루어져 있다. 학교에서 이루어질 수 있는 NFTM-TRIZ 시스템의 수업실행 구조를 설명하는 도식은 아래 [그림 9]에 제시되어 있다.

이 교육 단계들에서는 알트슐러의 창의적인 문제 해결 이론에 기초한 창의적 사고 방법론의 기초와 컴퓨터를 이용한 두뇌계발 교육들이 제공되며, 창의적 인성 계발 이론을 바탕으로 한 인문학적 교육

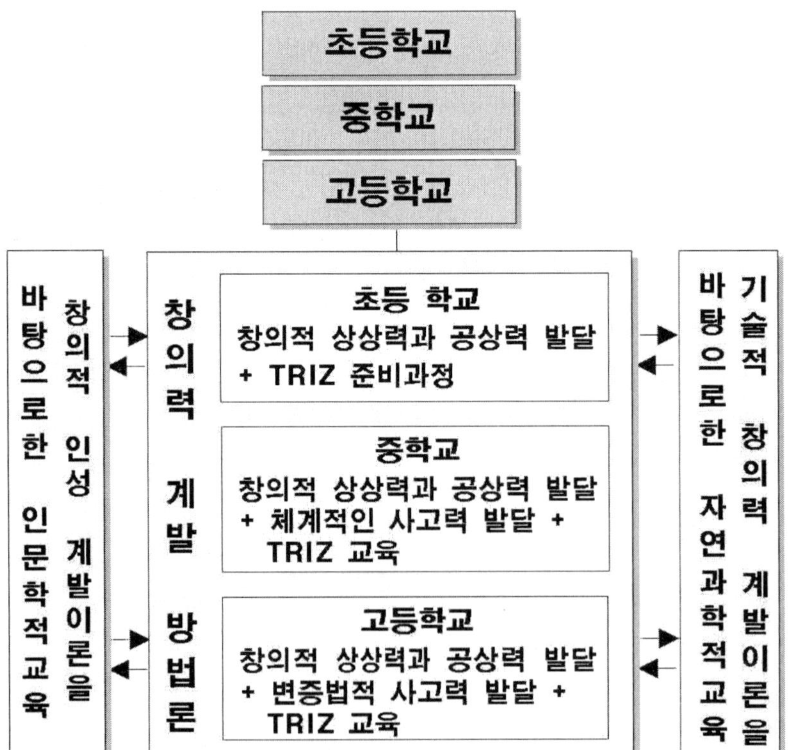

[그림 9]초·중·고등학생을 위한 NFTM-TRIZ 프로그램

과 기술적 창의력 계발 이론을 바탕으로 한 자연과학적 교육들과의 통합 및 융합을 추구한다. 즉, 모든 교과목들의 융합 교육을 목표로 교육을 지향한다.

① 입문반(초보반)을 포함한 초등학교에서는 연령의 심리적 특성을 고려한 '창의적 상상력과 공상의 발달'이라는 과목을 배우게 된다. 이는 체계적이고 변증법적인 접근의 입문과목이며 문제를 수용하는 학생의 심리적인 조건들이 충분히 충족된다. 처음에는 공식 승인된 심리검사를 거쳐 아이의 인성을 연구하는 방법으로 수업이 구성된다. 다음의 수업들은 창의적인 상상과 공상의 발달을 목표로 한 방법과 기술들이 사용되고, 그리고 동기부여의 방법들, 즉 교육과 학습에 흥미를 증폭시키는데 집중된 방법들이 활용되며, 마지막으로 창의력 계발 방법들 특히, 자아발달에 필요한 창의적 인성 계발에 대한 방법들로 교체된다.

② 중학교에서는 창의적 상상력과 공상력 발달 과목에 기초하여 창의적인 사고의 체계적인 발전을 보장하는 지적 도구와 창의력 계발을 위한 현대적인 방법론 특히 트리즈의 메커니즘을 배우게 된다. 트리즈 도구들이 사물의 영역으로 이동하며 창의적인 인성 계발 이론, 시스템 발전법칙, 물질과 장 분석의 기초, 물리·화학·수학적인 다양한 효과와 관련된 기초 자료가 제공된다.

③ 고등학교에서는 창의적인 상상력과 공상력 계발, 그리고 사고력 형성을 기초로 한 전문 교육, 직업 교육을 고려한 트리즈 도구의 통합적 사용이 이루어지고 이에 대한 연구의 필요성을 배우게 된다.

초·중·고등학교에서는 창의 교육 방법론의 요소들이 인문과학과목의 한 코스와 같이 자연과학과목의 한 코스에서도 사용되고, 게다가 인문과학과목의 한 코스에서는 알트슐러의 창의적 인성 계발 이론 요소들이 적용되기 시작한다. 이는 지식의 다양한 영역에서 창의 교육 방법론의 요소들이 지속적으로 사용되고 훈련됨으로써 도달할 수 있고, 학생들의 지식을 확대하고 실제로 창의 교육방법론의 보편성을 확신할 기회를 제공받는다. 이것은 본질적으로 선언적인 것을 의미하는 것이 아니라 지식 중심의 학교에서 사고 중심의 학교로 변화하는 실제적인 이동을 의미한다.

학교에서의 **NFTM-TRIZ** 교육 시스템은 이에 대한 지식 습득을 통해 학생이 가진 고유한 지적 산물 즉 가설, 연구, 저술, 컴퓨터프로그램 등을 만드는 과정과 교사와의 공동 활동에서 일어나는 창조적인 작업시스템을 미리 고려한 것이다. 이러한 학생 개인의 창의적 잠재력을 끌어 올리는 복잡한 작업 수행은 기존의 전통적인 교육 시스템의 단편적인 변화로는 보장되기가 불가능하다. 인지 활동 시스템에서와 마찬가지로 내용, 방법, 도구, 조직적 형태와 인성의 개별적 특성을 고려한 교육환경의 교육적 조건에서도 급진적인 변화가 요구된다. 그것들은 교육시스템의 새로운 목적과 과제에 적합해야 한다. 이러한 근본적인 변화는 빠르게 변화하는 세계에 학생들이 쉽게 적응할 수 있게 한다.

2-3 특수고등학교 및 전문대학 학생을 위한 창의 교육 시스템

특수 고등학교 및 전문대학 학생들을 위한 **NFTM-TRIZ** 시스템의 하위시스템으로, 본 시스템의 실행 전략의 중심에는 전 교과 과정에서 학습한 내용을 토대로 하여 통합한 "기술적 창의력 원리 및 컴퓨터를 이용한 두뇌계발"이 있다.

특수 고등학교 및 전문대학의 창의 시스템의 개념은 다음과 같다. 전문 교육의 수준은 1) 교육기관에서 전문가 양성에 있어 인문학적 원칙을 충분히 실현 2) 체계적인 기술적 창의력 원리의 발달 3) 미래 전문가의 창의적 인성 형성을 위해 가장 중요한 교육적 수단으로서 그리고 학생들이 새로운 지식을 스스로 습득하는 수단으로서 학생들의 교과 및 창의적 활동을 적극적으로 이용하는 것이다.

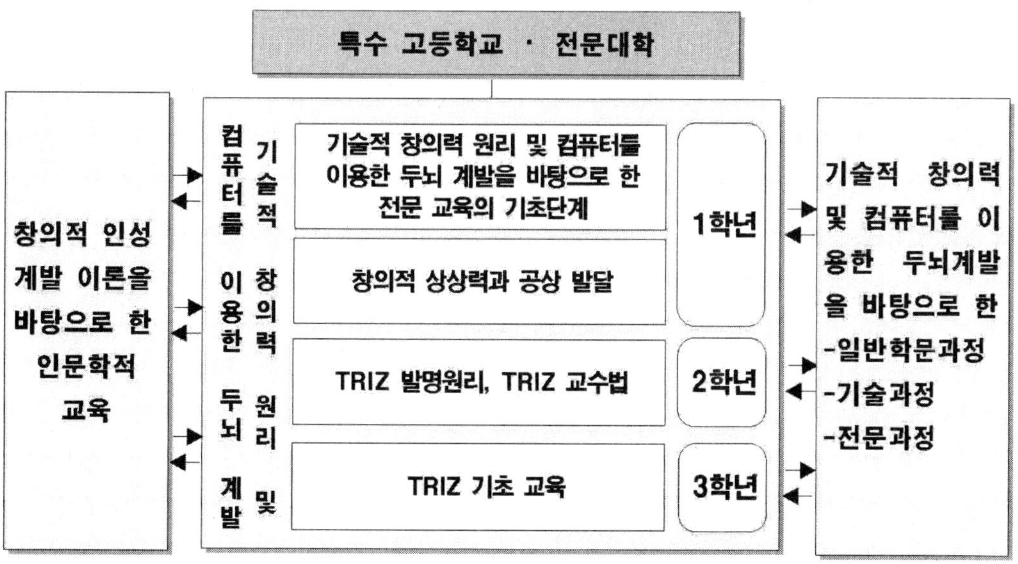

[그림 10] 특수 고등학교 및 전문대학 학생을 위한 NFTM-TRIZ 프로그램

특수고등학교 및 전문대학의 시스템은 학생들의 창의력을 이끌어낼 뿐 아니라 창의력 계발에 있어서 최상의 조건을 만들고, 본 시스템의 제안과 해결방안이 가져다주는 사회적 유용성(유용한 목적)을 지향하고 자기 발전, 자아실현, 자기 결정의 필요성을 발달시킨다.

본 시스템을 통해 지속적, 능동적 탐구 및 인지적 창의활동을 하는 특수고등학교 및 전문대학 학생은 창의적 공상력, 체계화된 기술적 창의력, 지적 활동, 사고의 대담함, 자신의 행위에 대한 책임감, 의사소통 능력, 감정이입법, 개방성, 창의적 삶의 방식에 대한 요구, 낙관론, 창의의 힘에 대한 신뢰와 같은 창의적 인성의 자질을 형성하게 된다.

2-4 대학 및 아카데미 기관 학생을 위한 창의교육 시스템

대학 및 아카데미 기관의 가장 중요한 과제는 준비된 전문가 개인의 전문적이고 창의적인 잠재력을 교육 및 전문적 창의·창조적 활동에서 발현시키는 것이다. 본 시스템은 대학 및 아카데미 기관 학생들의 창의력 발달과 창의적 사고력이 지속적으로 형성되도록 하기 위한 시스템이다.

지속적인 창의 교육 시스템의 개념을 대학 및 아카데미 기관에서 실행하는 것은 전통적인 세계관 그리고 학생과 교수 및 교사 구성원의 본질적인 붕괴를 전제로 한 것이다. 동시에 전문적 창의 방법론과 컴퓨터를 이용한 사고력의 기초를 습득한 신세대 교사들을 양성하는 것은 현대 교육 기관에서 교육 과정 개혁의 필수 부분이다.

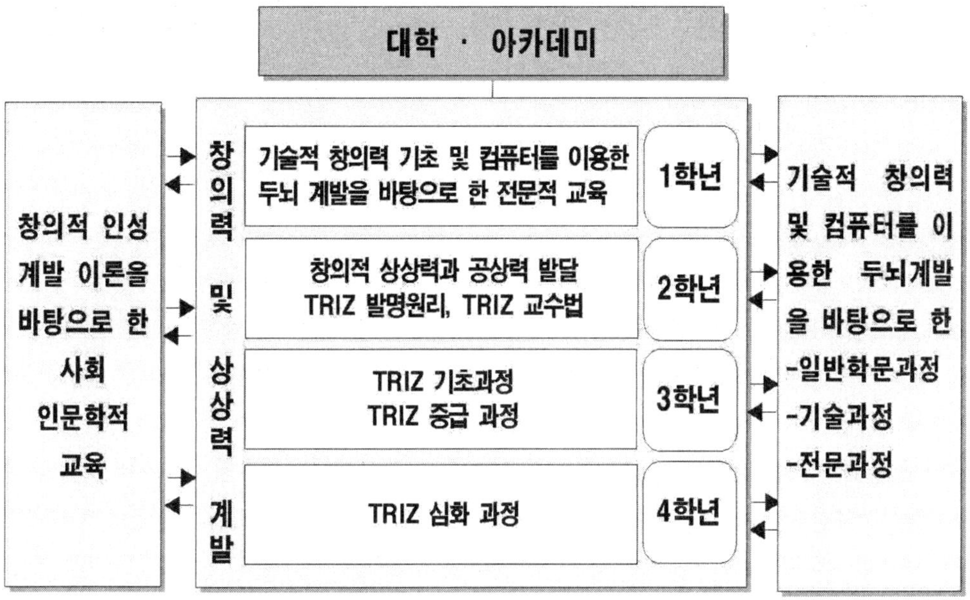

[그림 11] 대학 및 아카데미 학생을 위한 NFTM-TRIZ 프로그램

본 시스템의 실행 전략의 중심에는 전 교과 과정에서 학습한 내용을 토대로 하여 통합한 "기술적 창의 이론 및 컴퓨터를 이용한 두뇌 계발을 바탕으로 한 전문적 교육"이 있다. 또한 학생 개인의 정신적-도덕적 자질 그리고 전문적 창의적 잠재력 발달을 위한 유일한 방법론적 기반은 기술·인문학적 교육 과정인데 이는 인문학적 교육과 기술 교육을 유기적으로 결합한다.

대학 및 아카데미 기관에서 기술·인문학적 교육 과정 실행의 조건은 1) 자료 연구에 있어서 체계성과 동시성 2) 기술·인문학적 교육과정을 구성하는 인문과 기술 교과목간의 명확한 관계성 등이다.

2-5 대학원 이상 과정의 학생을 위한 창의 교육 시스템

전문가 양성을 위한 창의적 사고력을 지속적으로 계발시키고 그의 전문적인 활동 수행 기간과 그 이후에 능력 계발을 위한 시스템이다. 본 시스템은 대학원 이상 교육 기관에서 가능한 지속적인 창의 교육 시스템의 하위체계이다.

대학원 이상 창의 교육의 심리적·교육적 기반은 점차 변화하고 있는 전문적인 활동과 사회-경제적 조건에 부합하는 창의적 개인을 발달시키는 것으로 개인의 전문적 및 창의적 능력 향상 개념이라고 할 수 있다.

대학원 이상 창의 교육의 목적은 전문가의 창의적 잠재력 계발, 자기계발, 자기실현에서 창의적 개성에 대한 높은 요구를 충족시키기 위함이다. 대학원 이상 창의 교육의 심리 · 교육적 과제는 다음과 같다: 1) 전문 · 창의적, 혁신적 활동에 대한 긍정적인 태도 형성 및 창조적인 성장과 전문적 성공에 대한 동기부여 2) 전문가의 사회 · 직업적인, 창의적인 직업 능력의 강화 3) 심리적 타성의 극복, 전문적 창의 발달에 있어서 인지 · 심리적 장벽의 극복 4) 혁신을 연구하고 실현하는데 필요한 조건들에서 개인의 전문·창의적 사고의 심리적 재편 5) 정서 · 감정적인 자유의지에서 자기 조절 능력 배양 6) 사회적 지위와 연령에 따른 직업 정체성(개별적인 직업의 개성)의 보완 7) 중요한 자격요건과 사회 · 직업적 역량의 발달 등이다.

기존 학교에 **NFTM-TRIZ** 창의 교육 시스템을 도입한다는 것은 쉬운 문제는 아니다. 무엇보다도 교사들의 새로운 교육 형태에 대한 특별한 준비가 요구되기 때문이다.

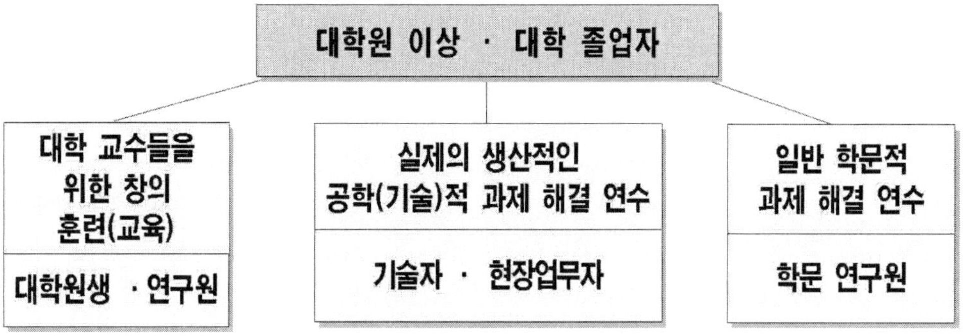

[그림 12] 대학원 이상, 대학 졸업자를 위한 NFTM-TRIZ 프로그램

러시아에서는 이미 50년 전에 알트슐러에 의해 발전된 TRIZ 이론과 교육적 접목으로 인해 창의적 교육 요원들 양성이 어느 정도 기반이 잡혔다고 할 수 있다. 이것은 발명과제 해결 이론인 트리즈와 방대한 지적도구들의 메커니즘 덕택으로 가능한 일이었다. 또한 지속적인 창의 교육 시스템(NFTM-TRIZ)에서 연구한 방대한 교수법의 원칙, 방법, 도구, 조직 형태와 교육 환경들이 그 역할을 했다고 할 수 있다. 컴퓨터를 이용한 두뇌 계발 지원과 창의력 계발의 교육학적 원리 또한 NFTM-TRIZ 교육 시스템의 기초가 된다. 이것은 컴퓨터 지능 시스템 전문가인 모스크바국립산업대학교 창의공학 학부의 교수이자 교육학 박사인 가레예프(P.T. Гареев) 교수가 주도하여 창안한 것이다

NFTM-TRIZ 시스템을 습득한 교사들은 학교 교육 과정 안에서 뿐만 아니라 교육이 가능한 모든 연령 수준에서 지속적인 창의 교육이 가능하도록, 창의적인 교육의 물결이 확산되도록 주도해야 할 것이다.

3

Chapter

지속적인 창의 교육 시스템 (NFTM-TRIZ)의 수업 구조

이 장에서는 NFTM-TRIZ의 8단계 교수·학습 모형을 도식과 함께 8단계의 각 단계에 대한 수업 내용, 진행 방식 및 목적 등을 제시하고 있다. 그리고 8단계 교수·학습 모형을 개발하게 된 심리학적 근거와 각 단계에서 이루어져야 할 활동 내용을 상세히 설명하고 있다.

3-1 지속적인 창의 교육 시스템(NFTM-TRIZ)의 8단계 교수 · 학습 모형

NFTM-TRIZ의 수업 구조는 전체적으로 창의 교육의 접근에 있어 수업의 목표를 실현하는 단계가 본질적으로 전통적인 수업구조와 차이가 있다.

창의 수업의 구성 논리는 학습의 과정이 실제로 발전해 갈 수 있도록 만드는 데 목적에 있다. 실용성과 관련한 인본주의적 교육 목표의 필요성에 대한 인식은 교육활동 조직 구조의 본질적인 변화를 전제로 한다. 교육활동의 새로운 형태를 구성하는 것은 학생들 인성에 자연스럽게 새롭게 생성되는 의미 있는 영역을 기반으로 하여 이루어진다.

이 수업 모형은 트리즈 도구들을 습득함으로써 사고형태의 본질적인 갱신을 가능케 하는 프로그램이다. 그것은 지능의 새로운 단계 즉, 직관적이고 활동적인 사고에서 언어논리적 사고로, 경험적 사고에서 이론적이고 변증법적인 사고로 학생들을 이동시킨다. 엘코닌(Д. Б. Эльконин)에 의하면 교육의 효율성은 교육을 통해 획득된 지식의 질과 양으로 측정되고 발전의 효율성은 학생들의 능력이 도달하는 수준으로 판단된다. 재능계발은 활동 영역에서 성공을 보장하는 개인의 특성으로서 해당하는 프로그램이 실현화 될 때 기능 시스템이 생산해 내는 것과 같이 능력들을 발산하도록 해 준다.

계발 및 발달에 영향을 주는 교육의 유형은 학생들 스스로 인식 활동에서 적극성을 보일 때 나타난다. 능동적인 활동의 다양한 형태, 예를 들어 놀라운 대상들에 대한 생각, 어려운 문제를 푸는 행위, 컴퓨터의 가상공간 안에서 문제해결과 같은 과제를 여러 가지 방법으로 습득하는 것은 본질적으로 학생이 발전할 수 있는 기회를 제공한다.

심리학적 본질은 '학생으로 부터' 생성되는 교육과정 계획이다. 학생들의 요구사항을 파악하는 것은 체계적 조직 반사, 즉 학습 과정과 결과 요약 뿐 아니라 적절한 테스트 및 교육활동의 계획에 학생들이 참여하도록 하는 것이다.

동기가 부여된 수업은 수업 과정에서 안정적이고 긍정적인 동기유지를 위해 작업 시스템들이 특별히 고안된 것이다. 수업단계의 각 사이클이 끝날 무렵 학생들에게 과제해결의 성과에 대한 긍정적인 감정을 갖도록 하고 활동의 다음 단계로 적극적으로 이동하도록 한다.

〈표 5〉는 **NFTM-TRIZ** 창의 교육 시스템에서 제시하는 이중 수업구조이다. 창의적 수업 진행의 확대 알고리즘을 간단한 도식으로 나타내면 [그림 13]과 같다.

[표 5] NFTM-TRIZ 시스템의 이중 수업 구조

<table>
<tr><th>No.</th><th>수업 단계</th><th>약어</th><th>시량</th><th>주</th></tr>
<tr><td>1</td><td>동기부여 (기적과의 만남)</td><td>M</td><td>5’</td><td rowspan="4">40분</td></tr>
<tr><td>2</td><td>중심내용(1)
창의적 상상력과 공상력 계발
+ TRIZ입문</td><td>С Ч(1)</td><td>20’</td></tr>
<tr><td>3</td><td>심리적 긴장풀기</td><td>П Р</td><td>5’</td></tr>
<tr><td>4</td><td>갈라바롬까
(두뇌계발)</td><td>Г</td><td>10’</td></tr>
<tr><td colspan="5">중간휴식시간</td></tr>
<tr><td>5</td><td>지적 활동
(생각열기)</td><td>И Р</td><td>10’</td><td rowspan="4">40분</td></tr>
<tr><td>6</td><td>중심내용(2)
창의적 상상력과 공상력 계발
+ TRIZ입문</td><td>С Ч(2)</td><td>15’</td></tr>
<tr><td>7</td><td>컴퓨터를 이용한 두뇌계발</td><td>К И П</td><td>10’</td></tr>
<tr><td>8</td><td>마무리 및 평가</td><td>Р</td><td>5’</td></tr>
</table>

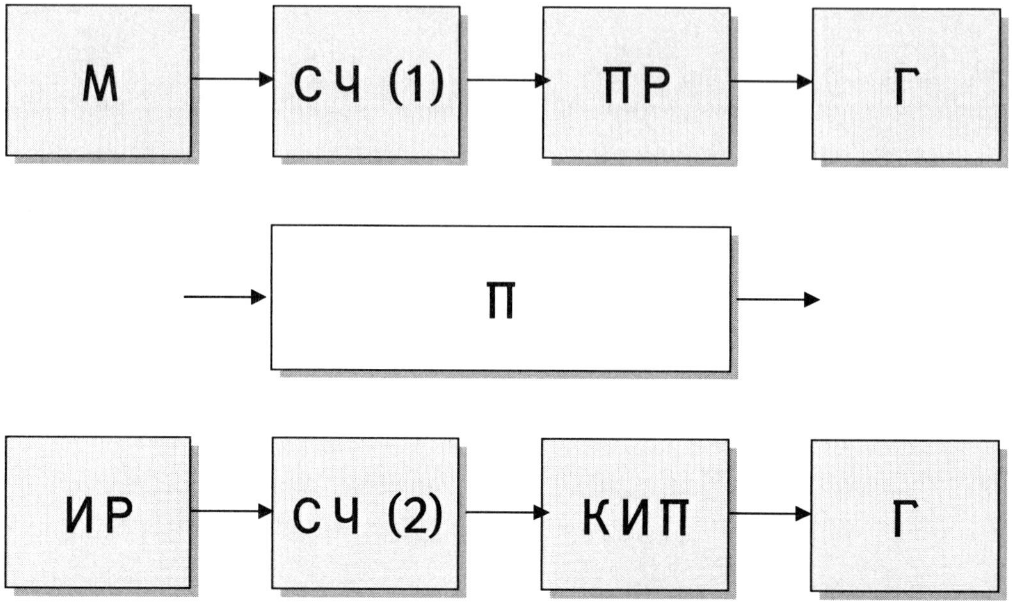

[그림 13]NFTM-TRIZ 창의 수업 과정의 확대 알고리즘 도식

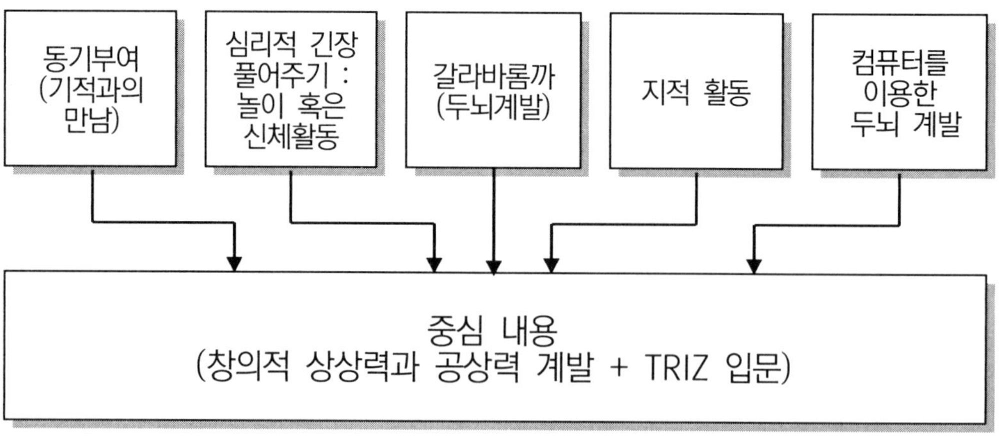

[그림 14] NFTM-TRIZ 수업 단계들의 시스템 연관성

[그림 14]에서는 다른 단계들의 활동들과 프로그램 중심 내용 단계와의 체계적인 연관 관계를 보여준다. 그것을 도식화 하면 [그림 15]와 같다. **NFTM-TRIZ** 창의 교육 시스템에서 제시하는 각 창의적 수업의 교수-학습 절차에 대한 설명은 아래와 같다. 수업의 절차는 8단계로 구성되어 있다.

단계 1. 동기부여(기적과의 만남)

수업의 본 단계에서 아이는 신기하고 호기심을 유발하는 재미있는 상황을 만난다. 아이는 그의 상상력에 자극이 되는 뭔가와 만나게 된다.

단계 2. 중심 내용(1)

수업의 본 단계에서 구체적인 수업의 계획된 주제에 따라 '창의적인 상상력과 공상력 계발 + 트리즈 입문' 수업내용이 제시되고 수업자료는 두 부분 즉, 중심내용 1과 중심내용 2로 나뉜다.

단계 3. 심리적 긴장풀기

수업의 본 단계에서는 휴식을 제공하고 자기훈련법 혹은 댄스 스포츠, 게임형태의 육체적 운동 또는 대뇌 반구의 조화를 위한 연습형태의 심리적 긴장풀기 활동이 이루어진다.

단계 4. 갈라바롬까(두뇌계발)

본 단계는 창의적인 활동의 동기부여와 아이의 독창성, 창의적 상상력과 공간 상상력, 창의력 계발에 초점을 맞춘다.

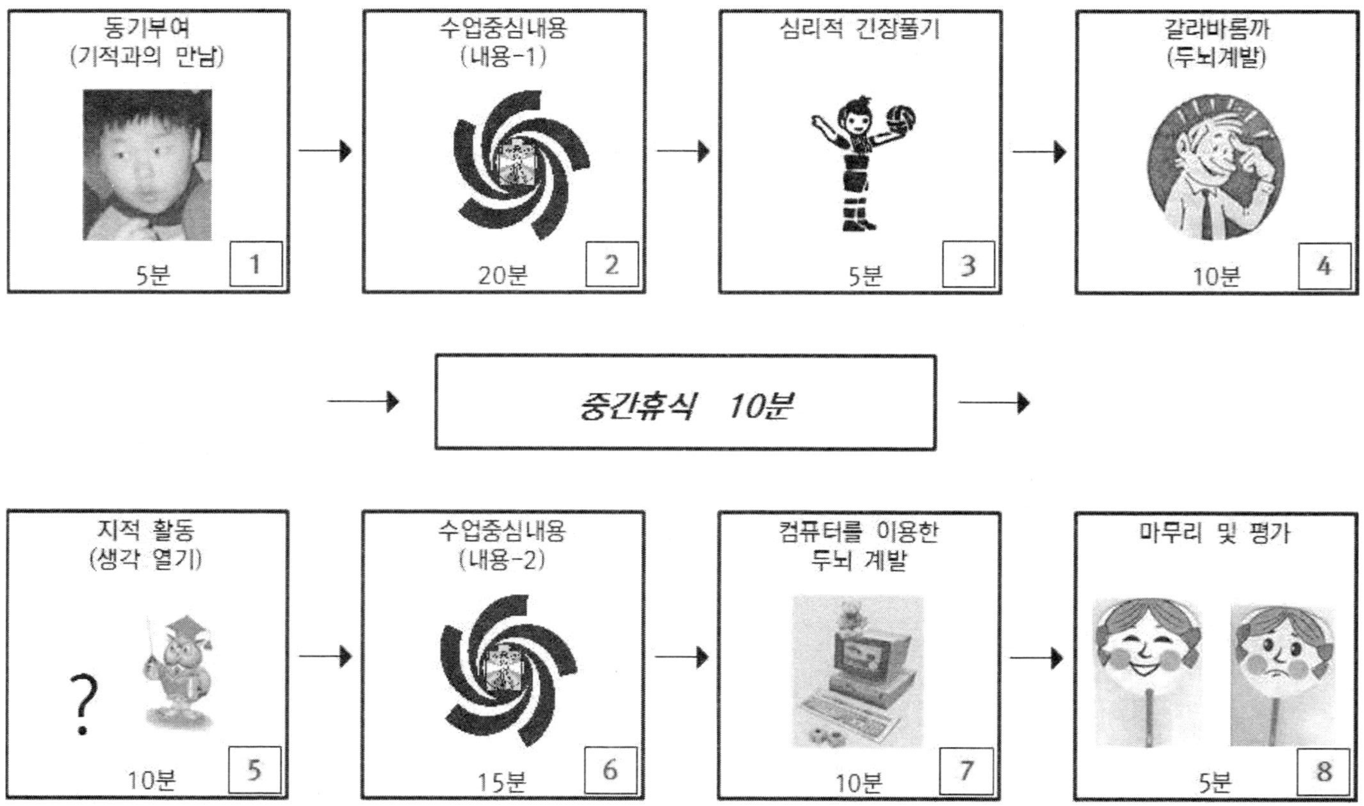

[그림 15] NFTM-TRIZ 창의 교육 시스템의 8단계 교수-학습 모형

단계 5. 지적 활동(생각 열기)

본 단계는 창의적 활동에 대한 동기부여와 창의적 사고 구조의 기본 요소들 발전, 창의적인 상상과 학생들의 창의력 발달에 집중한다.

단계 6. 중심 내용(2)

수업의 본 단계에서는 구체적인 수업의 계획된 주제에 따라 '창의적 상상력과 공상력 계발 + 트리즈 입문' 수업내용이 제시되고 수업자료는 두 부분으로 나뉜다.

단계 7. 컴퓨터를 이용한 두뇌계발

이 수업의 형태는 창의적 사고요소를 심화 발전시키고 컴퓨터 환경에서 제공하는 추가적인 기회, 특히 멀티미디어 효과와 쌍방향의 상호작용 등을 이용하여 학생들의 창의력 계발 및 발달에 집중하고 본질적으로 수업시간에 다루는 갈라바롬까의 형태를 가상공간으로 확장하여 제공한다.

단계 8. 마무리 및 평가

본 단계는 실제 수업 자료에 대한 학생의 의견과 그의 평가를 통해 학생과 교사와의 능률적인 피드백을 제공한다.

이상의 단계들에서 제시된 각 내용과 이러한 단계들의 심리적 근거 및 지침 사항들은 다음 장에서 좀 더 상세히 살펴 볼 것이다. 단지 참고할 사항을 제시하자면, 제시된 단계들의 내용은 학생들의 심리 진단을 실시하기 위하여 수업 단계들이 구별되어 있으며 차별적인 특징을 가진다는 것이다. 각 수업에서는 학생들 개인의 심리적 자질들을 연구한 자료에 따라 세 가지 진단 절차와 창의적 활동을 고려하여 진행한다.

학생들의 창의적 잠재성을 증진시키기 위한 목적으로 연구된 NFTM-TRIZ 수업의 모든 단계에서 학생의 창의적 활동은 시스템에서 수업 자체가 체계를 이루는 중요한 요소이다.

교사는 '창의적 상상력과 공상력 계발 + 트리즈 입문'의 첫 수업이 매우 중요하다는 점에 주목해야 한다. 왜냐하면 교사와 학급 사이에 창의적인 분위기와 상호이해 및 신뢰의 환경을 만들어야하기 때문이다. 이를 위해 교사는 한 가지 활동형태에서 다른 형태로 자연스럽게 이동하면서 모든 학생들을 적극적인 탐색 활동에 끌어들이면서 열정적인 게임 형태로 수업을 진행해야 한다.

NFTM-TRIZ 창의 교육 시스템에서 제시하는 8단계는 취학 전 아동에서 초·중·고등학생을 위한 창의 교육 시 진행되는 수업 구조를 제시한 것인데, 학생들의 연령, 인지수준, 교육 환경 등을 고려하여 상황에 따라 5단계로 축약되어 시행될 수 있으며, 동기부여에서는 신기한 마술에서부터 창의 교육 내용과 부합되는 다양한 교육 도구 및 방법이 활용될 수 있다.

3-2 8단계 교수 · 학습 모형의 단계 별 내용과 심리학적 근거

단계 1. 동기부여 (놀람, 뜻밖의 사건)

소크라테스는 "놀라움은 모든 지혜의 시작이다"라고 말한바 있다. 새로운 정보에 대한 관심과 탐구활동에 대한 호기심을 일깨울 목적으로 한 놀람(удивление)의 행위는 학생들을 지적 활동에 참여시키는 가장 좋은 방법이다. 또는 그것은 '기적의 효과'라고 한다. 신기한 대상(물체)들과 접하는 시스템, 그것들을 제작하는 방법을 해결함으로써 학생들에게 탐구활동의 흥미와 생산성을 제공한다.

동기 부여는 수업과정에서 아이의 상상력에 자극을 주는 장난감 같은 물체 혹은 교구, 마술, 퀴즈, 수수께끼 등을 활용할 수 있다. 예를 들면,

- 알쏭달쏭하고 비밀스러우며 제작방법에 의해 호기심과 궁금증을 자아내는 물건들일 수 있다. 예를들면 이것은 어떻게 들어갔는지 알 수 없는 거미가 유리 아래 시계판을 따라 기어가는 이상한 시계일수도 있고, 어떤 방법인지는 모르지만 거대한 돛을 가진 배들이 들어가 있는 병일 수도 있다.
- 호기심을 자극하는 가장 간단한 마술일 수도 있다. 예를 들면, 아이의 눈앞에서 성냥갑 속에 나타나거나 사라지는 쥐 같은 것이다.
- 광학, 홀로그램, 자력 등을 포함한 물리적인 효과를 기초로 하는 짧은 마술일 수도 있다. 예를 들면, 마술 그림들, 돋보기 등을 이용하여 행동을 민첩하게 함으로써 보여주는 마술들, 놀라운 특성을 가진 현대적인 재료들, 특히 자성을 띠는 유동적 액체들을 활용하여 장난감 만들기 등을 보여줄 수 있다
- 아주 오래되어 지금은 사라진 신기한 장난감들 즉, 나무로 만들어진 암탉, 피아노를 치는 곰, 곰과 함께 통나무를 켜고 있는 남자아이 인형 일 수도 있다.
- 비누거품을 이용한 장난감을 보여주는 것도 놀람과 기쁨의 감정을 불러 일으킨다. 예를 들면, 비누거품을 부는 장치와 조명이 있는 만년필 또는 비누거품으로 가장 아름다운 모양을 부는 자동 권총 등과 같은 것이다.

- 장난감들과 그 물체들의 무게중심 이동을 이용한 장난감은 매력적으로 작용한다. 이것은 오뚜기 모양의 마뜨료쉬카, 회전효과를 기초로 하는 무게 중심의 이동을 이용한 활쏘기, 종이접기 등을 예로 들 수 있다.
- '실컷 마시고 자기한테 끼얹지 말라'고 이름을 붙인 구멍이 뚫린 주전자처럼 속에 담긴 물을 이용한 수수께끼 같은 장난감들을 활용할 수 있다.

단계 2와 6. 수업의 중심 내용

전체 학습 내용을 통합하는 중심내용으로써 이 단계는 전적으로 학생들의 창의적 상상력과 공상력 발달을 목표로 하고 있으며 창의적 발명 과제 해결 이론(TRIZ)의 입문을 위한 것이다.

여기서 복잡한 문제를 해결 할 때 탁월한 성과를 얻기 위해서는 세 가지 요소들 즉 1)능력 2)가능성 3)인성이 중요하다는 것을 고려해야 한다. 능력의 요소는 예리하고 생생한 지각력, 추상적이고 복잡한 사고, 언어적, 수학· 기술적인 용이성에 대한 준비에 초점을 맞추고 있다. 이러한 능력이 다른 사람에 의해 긍정적으로 평가되도록 하는 것이 중요하다.

가능성은 아이가 주위 사람들 중에서 최고라는 생각을 가지고 권위 있고 자신감 있는 사람으로 인식할 수 있도록 돕고 지적으로 적극적이며, 자신의 문제를 해결하는데 있어 관심을 가지도록 하는 초기 경험들이 있도록 하는 것이다. 즉, 교육구조의 내용과 방법들은 이러한 자질발달에 집중하고 있다.

인성은 능력과 가능성 요소을 증진시킴과 동시에 능력 형성을 방해할 수도 있다. 주위환경이 창의적 인격형성을 위한 적합한 환경이 되도록 함으로써 학생들의 창의적 인성 발달을 도와야 한다.

단계 3. 심리적 긴장 풀기

심리적 긴장 풀기 시간에는 다음과 같은 활동들이 활용된다.

- 대뇌반구의 조화로운 발달을 위한 신체 운동 : 양 손의 운동능력이 동일하게 발달하는 것이 매우 중요하다는 것을 기억해야 한다. 심리학자들은 두 손을 나란히 사용하는 능력은 기억력, 사고력, 언어 발달을 위해 대단히 유익하다고 강조한다.
- 심리조절훈련과 감정 완화를 제공하는 자율 훈련
- 놀이: 게임과 율동, 즉흥 댄스, 각색한 '광대', '밧줄당기기', '러시아식 목욕' 등과 같은 운동과 정서적인 놀이들이 해당된다. 재미와 재치가 있는 동요 반주에 맞춘 아이의 즉흥적인 춤, 각색한 '놀이-미소'활동은 일종의 웃음 치료법이다. 과제들은 다양하며 교사의 희망에 따라 보충될 수 있다, '무언극' 놀이는 두 가지 방법으로 실행될 수 있다. 즉, 적절하게 근육을 이완시키면서 놀이 도중에 발생하는 긍정적인 감정에 의해 휴식을 취한다. 이 밖에도 무언극 수업은 창의력 기초와 자신감을 발달시키며 좋은 감정을 가지고 아이들이 휴식을 취할 수 있도록 한다.

심리학과 생리학 연구는 긴장된 정신적, 감정적 스트레스 간에, 그리고 골격 근육의 긴장과 자율 교대 간에 긴밀한 관계를 보여준다. 체계적인 신체 훈련이 작업능력과 건강유지를 위해 큰 의미를 가진다는 것은 이미 알려져 있다. 뇌가 최상의 기능 상태를 유지하는 것은 뇌에서 나오는 신경자극 작동체의 흐름을 조절하는 방법으로 가능하다. 자동 조절 메커니즘으로 인해 중앙자극의 추가적 전이가 주변자극, 무엇보다 골격근육과 신경긴장 완화로 일어난다. 근육이 이완된 상황에서 정신적 긴장감 완화는 상호작용, 행동, 활동 그리고 감정 표출에서 해방감을 준다.

과거에 긍정적인 감정 반응이 있었던 상황에서 일어난 사고의 재생은 현재에도 유사하게 일어날 수 있다. 자기암시를 포함하여 특정한 영향 아래서 경험한 감정 상태의 흔적은 복구될 수 있다. 자기암시는 고등신경활동 뿐만 아니라 세포구조에 이르기까지 유기체를 관할하는 모든 메커니즘에도 영향을 미친다. '휴식의 장소', '충만한 잠재력', '즐거움의 목록'과 같은 자율 훈련법과 정신 조절 훈련의 기본구조는 근육과 정신적 이완을 통해 적절한 공식과 방법에 꼭 필요한 상태의 자기 암시다. 자기제어를 하는 힘의 지렛대로써 자기암시 이용법을 학생들에게 가르침으로써 학생들이 학습과 창의 활동 및 상호작용과 태도에서 성공 할 수 있도록 도와주게 될 것이다.

단계 4. 갈라바롬까(두뇌 계발)

재치 있는 발명 아이디어가 실현되는 두뇌계발 활동들 중 하나인 퍼즐을 이용한 학생들의 창의적 활동은 **NFTM-TRIZ** 창의 교육 시스템에서 현대적이고 창의적 수업구조의 중요한 요소들 중 하나이다.

퍼즐은 학생의 독창적인 사고 전환을 요구하는 학생들을 위한 문제와 해답을 제시한다. 퍼즐은 아이들의 건강을 위해 안전한 재료, 예를 들어, 나무, 종이, 플라스틱으로 만든다. 제시된 퍼즐은 **NFTM-TRIZ** 교수법 원칙에 상응하는 엄청난 수량의 유사한 대상들 중 특별히 선별한 것이다. 다음과 같은 기준이 사용되었다.:

- 퍼즐에 감춰진 창의적인 아이디어의 아름다움
- 학생들의 호기심에 영향을 주는 심리적 효력
- 학교교과목(물리, 화학, 생물 등등)과의 연관성

- 아이와 대상 간 상호작용의 미학
- 연령별 창의적인 가능성과 아이의 관심
- 인지 수준을 고려한 난이도 조절

NFTM-TRIZ 시스템에서는 세계 최초로 이 퍼즐 시스템을 개발하여 유기적인 총체로써 수업조직에 도입했다.

우리가 선택한 퍼즐 시스템은 창의적인 교육시스템에서 새로운 교수법이다. 퍼즐 시스템의 주요 기능은 역설적이고 창의적인 사고와 유머를 발달시키고 사고의 진부함을 극복하도록 하며 공간적 상상력과 창의적 상상력을 발달시킨다. 게다가 이 시스템은 관찰력과 호기심, 아이의 탐구활동에 대한 관심, 결과적으로 지적인 활동성을 일깨운다.

인간의 놀이에 대한 오래된 욕구도 퍼즐을 풀 때 충족된다. 학생 개개인의 창의적 특징을 계발 시키면서 놀이는 창의적인 활동을 위한 특별한 준비로 바뀌게 된다. 아인슈타인의 책장 선반 위에 수학적인 오락들과 기발한 퍼즐이 가득했다는 것은 우연히 아니다. 이상한 나라의 앨리스와 거울 나라의 앨리스로 알려진 위대한 작가인 루이스 캐롤(**Charles Lutwidge Dodgson**))은 옥스퍼드 대학교에서 수학을 가르쳤고, 퍼즐의 열광적인 숭배자 중 하나였다.

그는 종이접기와 재미있는 형상인 플렉사곤(**flexagon**, 종이로 접어 만든 다면체로써 다시 접기에 따라 여러 면이 생기는 것)을 접는 것이 굉장히 유익하다는 것을 발견했다. 그다지 특별할 것이 없는 종이 한 장은 뜻밖에도 반 추상적인 조각 작품으로 변화하면서 학생의 눈앞에서 그 자체의 완벽함으로 우아하고 섬세한 작품으로 변형된다.

퍼즐 시스템의 또 하나의 기본적인 동기부여의 기능은 퍼즐의 수행 능력이 학생들에게 교재에 대한 관심을 불러일으킨다는 사실이다. 이처럼 효율적인 동기부여 방법이 과연 존재할까 생각한다.

문제해결원리를 구별하는 능력을 기르고 그것을 정해진 문제들에서 광범위한 문제의 종류로 확대하기 위해서는 똑같은 문제를 몇 가지 방법으로 풀어보는 것이 유익하다. 퍼즐을 가지고 하는 활동은 사고 생산성을 높이기 위한 예비 자원을 이용할 수 있게 한다. 어른의 도움 없이 상상으로 공간적 형상을 창조하고, 가설을 점검하는 것은 학생이 자유롭게 상징 언어에서 형상 언어로 또는 그 반대로 이동할 수 있게 한다.

완전하고 인지 활동 형태로 행해지는 수업은 그 자체로 두뇌 계발의 특징이 되며, 어떤 의미에서는 내부적으로 아이 자신과 관련되는 두뇌 계발 조건이 된다.

단계 5. 지적 활동(생각열기)

퍼즐과 같은 두뇌계발은 학생들에게 동기를 부여하고 수업 중 창의적 활동에 적극적으로 참여하도록 한다.

지적 활동의 창의적 문제 시스템은 NFTM-TRIZ 시스템의 교수법 원칙에 따라서 만들어진다. 이는 특별한 지식을 요구하지 않고, 단지 심사숙고하여 재치 있게 스스로 해결하도록 하는 창의적 문제들을 담고 있다. 학생들의 연령에 맞추어 구성된 복잡한 문제들의 이 시스템은 호기심을 자극하면서 창의력과 상상력 그리고 사물에 대한 비범한 견해를 발달시킨다.

지적 활동의 창의적 문제 시스템은 주로 다음과 같은 문제들을 포함하고 있다.

- 가설채택 문제 : 학생들에게 사건의 이유와 결과에 대해 생각하게 만든다.

- 평범하지 않는 대상을 이용하는 문제 : 이러한 문제들은 아이가 평범한 대답을 피할 능력, 즉 경직된 사고를 극복할 수 있는 능력을 발달시킨다.
- 사물의 규칙을 발견하는 문제 : 이 문제들은 논리적 사고력과 일반화 능력을 발달시킨다.
- 비현실적인 상황들에서 나오는 방법을 탐색하는 문제 : 이 문제들은 아이가 감정이입하는 능력과 생각의 대담성을 발달시킨다.
- 존재하는 형상을 바탕으로 사물의 형상을 요약하고 도표화하는 문제 : 이러한 문제들은 추상적인 사고와 또한 대상의 기본적인 성질과 특성을 구별하는 능력을 발달시킨다.
- 장난감 같은 대상을 개선하여 만들어내는 문제 : 이러한 문제들은 스스로 관찰하고 해결하며, 이론적 추구 능력을 발달시킨다.
- 문제에 의해 확고하게 묶여 있는 형상을 극복하는 문제: 이러한 문제들은 즉, 사고의 관성을 극복하면서 문제의 한계를 극복하는 능력을 발달시킨다.
- 목표지향적인 질문을 제기하고 그 질문의 답에 따라 대상을 밝혀내는 능력을 요구하는 문제 : 이러한 문제들은 호기심과 문제에 대한 민감도 그리고 예측능력을 발달시킨다.
- 단계적으로 공상적 상상력을 계발하는 문제

학생들을 위한 수업 구성 요소의 심리학적 가치는 지적 활동의 방법과 규칙들, 즉 사고의 높은 생산성을 보장하는 방법들을 밝혀내고 창의적인 문제 해결 과정의 각 단계를 관리하는 습관이 형성되도록 하는 방법과 규칙들을 확고히 하는데 있다.

지적 활동의 주요 기능은 정보를 바르게 분석 하는 것이 중요하다는 것을 자각함으로써 복잡한 문제 수행을 준비시키는 데 있다.

■ 단계 7. 컴퓨터를 이용한 두뇌계발

컴퓨터를 이용한 두뇌계발은 퍼즐형태의 문제와 두뇌계발 과제, 지적 활동과제 등 동기를 부여하기 위해 주어진 과제들에서 생겨난 아이디어를 지속시키고 깊이 있게 한다. 컴퓨터를 이용한 두뇌계발을 할 때 컴퓨터 환경이 제공하는 부가적인 가능성들, 특히 멀티미디어의 효과, 쌍방향의 상호작용 등이 활용된다. 컴퓨터를 이용한 두뇌계발 단계에서 제기된 문제들과 두뇌계발, 지적 활동, 그리고 심리적 긴장 풀어주기 단계에서 제기한 문제들과의 긴밀한 연관성을 강조할 필요가 있다.

창의력 계발을 현실공간에서 가상공간으로 이동해 가는 것이고, 외부 세계의 것을 내부 세계로 이동시키는 것이다. 가상 환경 속에서 학생의 시각적인 활동은 매우 활발하며 흥미로움과 필요성에 의해 문제를 해결하고자 하는 사고활동이 컴퓨터 조작 활동으로 이루어진다. 컴퓨터를 이용한 두뇌계발의 범주에서 이루어지는 과제수행은 상상력, 사고력, 집중력, 기억력의 발달과 패턴 식별을 위한 숙련된 기술을 습득하도록 한다.

컴퓨터 교육 게임 시스템의 활동기준은 다음과 같다.:

활동기준 1.

컴퓨터 교육 게임 작업 시에 정해진 단계를 지켜야 한다. 처음에는 아이들이 〈퍼즐〉섹션에서 익숙한 대상을 가지고 놀도록 한다. 그런 다음 익숙하지 않은 요소가 추가된 대상과 놀다가 나중에는 미지의 대상을 가지고 놀도록 한다.

활동기준 2.

내용의 난이도에 따라 이동할 수 있도록 해주어야 한다. 즉, 간단한 문제에서 복잡한 문제로, 구체적인 자료로부터 추상적인 것으로, 평면의 문제에서 입체적인 문제로 이동하도록 해야 한다.

활동기준 3.

컴퓨터 교육 놀이는 서로 다른 유형이 되어야 한다. 조각으로 그림 맞추기, 퍼즐원칙에 따라 그림 맞추기, 컬러 모자이크, 요소를 가지고 구성하기, 탱그램(사각형을 7개의 조각으로 잘라 놓은 것을 여러 형태로 맞추는 중국식 퍼즐), 기억력발달, 집중력발달, 패턴식별, 대상 분류 등이 있다.

활동기준 4.

문제 작성은 명료하고 선명하며 공격적이지 않아야 한다. 삽화자료로는 학습과정에서 있는 자료를 이용하는 것이 바람직하다. 이 경우에 인식의 효과가 일어나고, 그러한 방법으로 교육 자료가 추가적으로 확보된다.

활동기준 5.

서비스 버튼사용을 최소로 하면서 화면을 최대한으로 가득 채워야 한다.

활동기준 6.

필요한 경우 끌 수 있는 시끄럽지 않고 힘을 돋우는 반주 음악이 있어야 한다.

활동기준 7.

정해진 단계에서 성공적으로 과제를 수행했을 때는 반드시 호의적인 말이나 컴퓨터를 통해 전달되는 '칭찬', 예를 들면, 유쾌한 멀티음악 반주나 박수 등으로 격려해야 한다.

컴퓨터를 이용한 두뇌계발의 심리학적인 근거는 가상적인 대상과의 과제와 연습문제를 수업과정에 도입함으로써 분석 활동과 종합적인 사고 활동의 여러 가지 형식과 종류를 다방면으로 발달시키기 위해 필요하다는 데 있다.

제시된 놀이들은 단계적으로 구분되어 있으며, 이는 일반 학교 프로그램자료를 더 효과적으로 습득할 수 있도록 하고, 학생들의 효과적이고 능률적인 사회화를 촉진시켜 준다.

새로운 것을 받아들이고 변화에 대해서 준비하는 것은 자기 행동을 효과적이고 능률적으로 조직하는 증거라는 사실은 알려져 있다. 창조적인 컴퓨터 놀이를 통해 아이는 새로운 것의 창조자가 되며, 주위세계를 조직하는 다양한 방법을 습득하고 인식하며 철학의 법칙인 전체와 부분의 일치, 양적 변화에서 질적 변화로의 전환을 인식하게 된다.

세첸노프(И.М. Сеченов)가 밝히고 있는 것처럼, 자아의식은 인간 자신의 의식 행동에 비판적인 태도를 취할 수 있도록 한다. 즉, 외부에서 일어나는 모든 일들로부터 자신의 모든 내부의 일들을 분리시켜서 그것을 분석하고, 외부의 것과 대조·비교할 수 있는 기회를 만들어 준다. 즉, 가상컴퓨터의 가시화는 이러한 과정들을 명백하게 만들어준다.

아이의 의식은 자발적인 움직임과 동시에 성장한다. 왜냐하면 의식은 자신의 행동들, 행동들의 특수성, 행동들을 수반하는 내적체험을 인식하기 위한 조건을 만들기 때문이다. 결정된 결과를 예측하고 자신뿐만 아니라 타인의 행동을 체계적으로 관리하는 자기 관찰은 자아의식의 특징적 발현 중 하나이다. 그러나 의식과 자의식이 상호작용할 때 자의성과 목적에 맞게 자기 행동을 관리하는 토대가 형성된다. 이는 효과적이고 능률적인 사회화 과정에 있어 매우 중요하다.

학생들에게 심리적으로 새로운 학습 형태 즉, 자의성, 자기관찰, 행동의 내부 계획 형성을 위한 교수법 실제에서 보편적 방법으로서의 컴퓨터를 이용한 두뇌계발은 작업 활동 시량을 축소시키고 많은 반복을 제외시킴으로 교육의 질을 향상시키고 지식습득 속도를 빠르게 한다.

문제해결을 어렵게 하는 환경 인식은 해결의 새로운 방법을 모색하게 한다. 변화하는 조건 속에서 독창적인 해결능력은 개인의 성공적인 자기실현을 가능하게 한다.

그러한 방법으로 컴퓨터를 이용한 두뇌계발은 다음과 같은 중요한 기능들을 통해 이루어진다.

① 교육적 기능: 일반적인 학습 능력의 숙달과 숙련의 발전을 통해 가능(학습과제채택, 해결방법탐구, 자기행동의 동기와 결과 인식).

② 심리적 기능: 대량의 정보 습득에 대비한 심리적 준비와 계획적 전환을 위한 신체적 상태를 만들 수 있는 능력을 통해 가능.

③ 양육과 발달 기능: 목적 지향성, 인내심, 사고의 대담함을 필요로 하는 해결안을 채택하는 것과 관련하여 개인에게 있어 의미 있는 창의적 특징의 조화로운 발달을 통해 가능.

④ 건강보건 기능: 아이들에게 제안된 과제에 있어 긍정적인 특징의 형상과 추상성을 고려한 신중함과 세심한 인식을 통해 가능

컴퓨터를 이용한 두뇌계발은 교육과정에서 효율성을 높이고 초기 직업선택 지도, 학생의 효과적이고 능률적인 사회화 그리고 의미 있고 중요한 구성요소에서 학생의 인격형성에 기여한다. 인간이 더 빨리 자신의 행동 의미를 발견하고 인식하면 할수록, 그리고 습득한 지식을 새로운 환경으로 더 쉽고 빠르게 전환할수록 인간은 외부의 어떤 환경에도 쉽게 적응할 수 있다.

단계 8. 마무리 및 평가

마무리 및 평가는 창의적 수업 모형에서 마지막 단계이다. 이 단계에서 교사는 수업에 대해 짧게 정리를 하고 구두로 수업에 대하여 학생들과 피드백을 하며 아이들 스스로 수업을 평가하도록 한다(재미있었음 - 재미없었음, 맘에 들었음- 맘에 들지 않았음, 이해했음 - 이해하지 못했음, 쉬웠음 - 어려웠음 등등). 예를 들어 한 카드에는 진지한 얼굴을, 다른 카드에는 웃는 얼굴을 그린 특별히 준비한 두 개의 카드를 사용한다. 이것은 질적이고 정의적인 수업평가를 하기 위함이기 때문에 아이들 연령을 골려한 다른 평가방법을 사용해도 무방하다. 다만 어떠한 방법으로도 학생들의 수업평가가 이루어지도록 한다.

질적이고 정의적인 수업평가의 또 다른 방식으로 아이들에게 눈을 감도록 하고 교사는 수업이 맘에 든 학생들에게 손을 들도록 하고, 그 다음 맘에 들지 않는 아이들에게 손을 들도록 할 수도 있다. 이때 모든 학생들은 눈을 감아야 한다.

그러나 이러한 단순한 수업평가를 통해서도 교사는 수업내용과 수업진행 방법에 필요한 수정을 가할 수 있다. 아동의 지적 활동과 본질적인 활동의 조직에 대해 꾸준히 노력하는 것이 매우 중요한 이유는 재능을 일깨우고 발전시키기 위한 주요한 조건이 되기 때문이다.

창의적 활동에서 자기관리 능력 발달은 자기 관찰을 통해서 실현된다. 학령기에 자기 관찰은 두 가지 면에서 나타난다. 풀어야 하는 문제를 어떻게 해석할 것인가와 같은 자신의 자원에 대한 평가 측면과 주어진 문제를 내가 풀 수 있을까와 같은 자기 반성적인 측면이다.

수업의 구성요소로서 질적 평가는 개인적이고 집단적인 활동에 대한 자체평가의 기술, 비평, 토론, 지식에 대한 개인적이고 집단적인 계획수립, '불필요한' 자료나 문제 제외, 목표 달성에 대한 점검, 습득의 질과 발달수준에 대한 관리 테스트 등이 포함된다.

마지막으로 창의적 수업의 다른 요소와 마찬가지로 긍정적인 피드백을 적시에 해 주는 것이 중요하다.

PART 2

지속적인 창의 교육 시스템(NFTM-TRIZ)에 기초한 수업의 실제

4

Chapter

취학 전 아동을 위한 수업

본 장에서는 NFTM-TRIZ 창의 교육 시스템 내 취학 전 아동을 위한 수업 교재에서 발췌한 일부의 수업안 및 수업 내용을 소개한다.

4-1 주제 : 고마운 막대기

활동 주제

자원 가능성이 있는 사물을 이용하는 놀이

활동 목표

1. 베. 수쩨예프의 동화「고마운 막대기」를 예로 〈자원〉의 개념에 대해 알아보기.
2. 사물을 새롭게 응용하는 법을 발견하도록 아이들을 가르치기.
3. 분석하고 종합할 수 있는 숙련된 기술을 발달시키기.
4. 주의력, 상상력, 논리적 사고력을 발달시키기.
5. 연상훈련을 통한 상상력 계발하기, 소근육 발달시키기.

활동 과정

단계의 명칭	단계의 내용	활동 자료	시량	유의점
1단계 동기부여 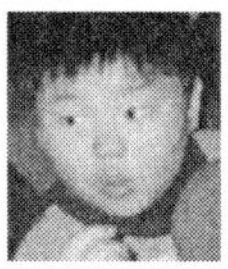	• 장난감〈경사진 언덕길〉을 보여주며 활동 주제에 대한 호기심을 유발하기	 〈경사진 언덕길〉	5분	
2단계 중심내용 	• 기하학적도형《삼각형》 제시하기 • 삼각형태 사물들과의 만남 • 베,수쩨예프의 동화 「고마운 막대기」 분석 • 자원을 활용 및 응용하는 방법 연습하기	• 다양한 모양의 꽃들이 있느 꽃밭 (원형, 타원형, 삼각형 모양의 꽃잎이 달린 꽃 세송이) • 나무막대기 10-15개 • 활동지, 색연필	15분	필요한 경우 교사는 아이들이 삼각형 모양을 만들 수 있도록 도와줄 수 있다.
3단계 심리적 간장풀기 	• 막대기(체조봉)를 이용한 놀이	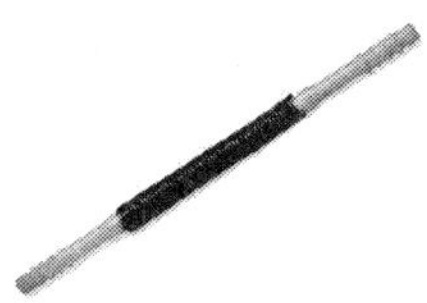 〈막대기〉	10분	

4단계 갈라바롬까 	• 장난감 〈게오콘트〉 위에 삼각형태의 다양한 모양 만들기	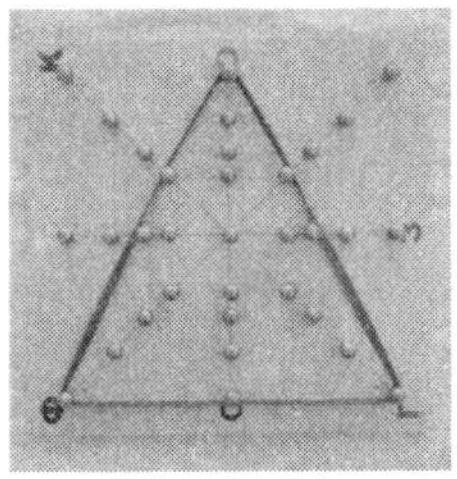 〈게오콘트〉	15분	
5단계 마무리 및 평가  	• 활동을 통해 알게 된 것을 서로 이야기 나누며 정보 공유하기 • 표정 스티커 또는 표정 평가판을 활용하여 수업에 대한 느낌 및 이해도를 표현하기	• 표정 스티커 • 기분 스탬프 • 표정 평가판	5분	

활동방법

1단계 - 동기부여

아이들에게 장난감 〈경사진 언덕길〉를 보여 주며 활동 주제에 대한 호기심을 일으킨다.

2단계 - 중심내용

중심내용의 주요 활동

- 베. 수쩨예프의 동화 〈고마운 막대기〉 비디오테잎 시청하기
- 사물의 자원을 이용하는 연습하기
- 막대기를 이용하는 연습하기

중심내용 활동을 위한 이론적 설명

- 트리즈에서는 문제를 해결하기 위해 사용 가능한 모든 것을 자원으로 본다. 이러한 자원은 형이상학적일 수도 있고, 공간적인 것, 시간적인 것일 수도 있다.
- 본 수업에서 아이들은 주변사물의 자원을 어떻게 이용할 수 있는지에 대해 알게 된다.
- 사물의 새로운 응용방법을 발견하는 법을 배운다.

개요

- 장남감 〈경사진 언덕길〉 속에서 삼각형 도형을 찾아보기

  다른 삼각형 형태의 사물들을 찾아보기

  교사는 다양한 모양의 꽃잎을 가진 꽃들이 있는 꽃밭을 보여주고 아이들에게 도형을 찾아보게 한다.

  삼각형 도형을 가지고 어떤 사물들을 만들 수 있을지 아이들이 이야기 해 보도록 한다.

- 대상의 자원을 이용하는 법에 대해 알기

  : 베.수쩨에프의 동화 〈고마운 막대기〉 비디오테잎 시청하기

  교사 - 오늘 우리 수업에 고슴도치와 토끼가 왔어요.

  고슴도치와 토끼 그림을 칠판에 걸어놓는다.

그들이 우리에게 얼마 전에 일어난 어떤 사건에 대해 이야기하고 싶대요. 이에 관한 만화영화를 한번 봅시다.

교사는 만화 영화 〈고마운 막대기〉를 보여준다.

※ 유의사항

만일 비디오로 아이들에게 보여줄 수 없으면 교사가 베. 수쩨예프의 동화 〈고마운 막대기〉를 읽어준다. 이야기 본문은 교재에 첨부되어 있다.

이야기 분석

교사 - 이야기가 맘에 들었나요?

교사 - 고슴도치와 토끼를 누가 도왔나요?
아이들 - 고마운 막대기요.
교사 - 그러면 고마운 막대기가 어떻게 도와줬는지 생각해봅시다.

칠판에 이야기 줄거리를 그린 그림을 걸어놓는다.
아이들은 그림을 보면서 동화의 내용을 열거해 나간다.

- 고슴도치가 강을 건너게 도와줬어요.
- 토끼를 늪에서 꺼내줬어요.
- 아기 새를 둥지에 넣어줬어요.
- 늑대를 겁줬어요.
- 산을 오르게 도와줬어요.

자원을 이용하는 연습하기

교사는 아이들에게 막대기를 보여주고 그것을 또 어떻게 이용할 수 있을지 생각해 보도록 한다. 잠시 시간을 준 뒤 아이들이 자신의 의견을 자유롭게 말하도록 한다.

예를 들어:

- 땅에 막대기를 세워서 거기에 무엇인가를 걸어놓아요.
- 막대기에 나뭇가지를 묶어서 빗자루를 만들어요.
- 막대기에 풍차를 고정시켜서 풍향기를 만들어요.

※ 유의사항

만일 아이들이 막대기를 활용한 방법들을 말하지 못하면, 교사는 풍향기, 빗자루, 우산 등의 그림을 보여주고 아이들이 어떻게 막대기를 이용할 수 있을지 말하도록 한다.

아이들은 어떻게 막대기가 사용되었는지 열거하고 설명한다.

수업응용 활동

- 아이들에게 활동지, 색연필, 나무 막대기, 색종이 등을 제공해 주고 막대기 자원을 활용하여 자신들이 실제로 그리거나 만들어 볼 수 있도록 한다.
- 막대기로 삼각형 도형을 만든 후 그것을 바탕으로 하여 아이들이 어떠한 사물을 그리거나 만들어 볼 수 있도록 한다.

3단계-심리적 긴장풀기 :

막대기(체조봉)를 이용한 놀이 활동하기

교사는 아이들에게 막대기는 체조할 때, 건강을 튼튼히 하기 위해서도 사용될 수 있다고 알려주면서 막대기를 이용해 어떤 운동을 할 수 있는지 고슴도치와 토끼에게 보여줄 것을 제안한다.

모든 아이에게 체조 봉을 나눠준다. 아이들은 둥글게 서서 교사를 따라 동작을 따라한다.

※ 유의사항

만일 가능하다면 체조 봉을 이용한 운동은 음악에 맞춰서 해도 좋다.

체조 봉으로 아이들이 다치지 않도록 충분히 간격을 주고 미리 주의를 준다.

수업 말미에 아이들은 고슴도치와 토끼에게 아주 재미있는 〈고마운 막대기〉를 소개해줘서 고맙다는 인사를 한다.

■ 4단계 - 갈라바롬까

- 컬러 모자이크로 막대기가 있는 사물 모양 만들어 보기
  예를 들어, 우산을 맞추기
- 장난감 〈게오콘트〉 위에 다양한 삼각형태 만들어 보기

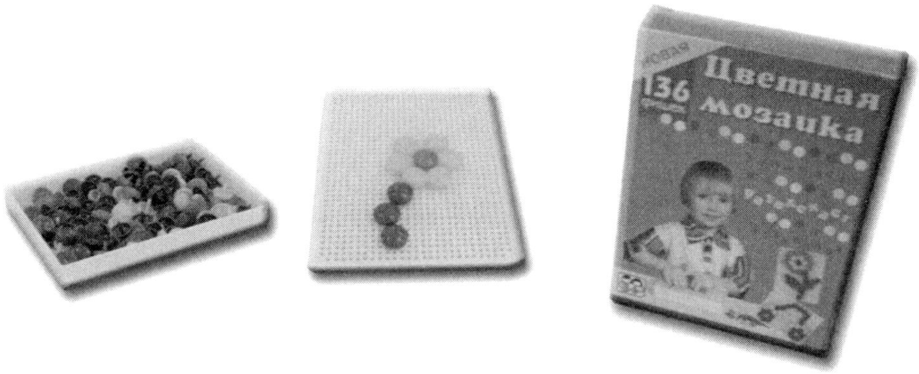

5단계 - 마무리 및 평가

교사는 전체 수업 내용을 간략하게 마무리한다. 그런 다음 교사는 아이들에게 스스로 수업을 평가하도록 한다. 수업 내용을 이해했는지 못했는지, 재미있었는지 아닌지, 마음에 들었는지 아닌지 등에 대해 스스로 평가를 내려서 표현하도록 한다. 이것은 아동이 수업에 대한 인지적 감정적 평가를 하도록 하는 것이다.

교사는 아이들에게 활동지에 만일 수업이 흥미로웠거나 재미있었으면 웃고 있는 여자아이 옆에 체크(✔) 표시하도록 하고 만일 수업이 재미가 없었으면, 진지한 표정의 여자아이 옆에 체크(✔) 표시하도록 한다.

※ 유의사항

수업 후 아이들의 자유시간이나 놀이 시간에 간단한 테스트를 실시한다.

14. 수제예프의 동화 「고마운 막대기」*

고슴도치가 집으로 가고 있었어요. 길에서 토끼가 고슴도치를 보고는 한달음에 달려와 고슴도치를 따라잡아 그 둘은 함께 가게 되었어요.

'두 사람이 함께 길을 가면 그 길은 두 배로 짧아진다.'라는 말이 있죠. 집까지 가는 길이 머니까 둘은 이야기 하면서 갔어요. 길가에 막대기가 길게 놓여 있었어요.

이야기에 열중했던 토끼는 막대기를 보지 못하고 하마터면 걸려서 꽈당 하고 넘어질 뻔 했어요.

---

* Сказки советских писателей: Для мл.шк.возраста / Сост. А.П.Костелецкая; Вступ. ст. Т.В.Кобржицкой; Худож. К.П.Шарангович. - Мн.: Юнацтва, 1987. - 447 с.: ил. Иллюстрации к сказке Сутеева В. «Палочка-выручалочка»

“아이 참!..” 토끼는 화를 냈어요. 그리고는 발로 막대기를 세게 걷어 차 저쪽 멀리 날려 버렸어요.

그런데 고슴도치는 막대기를 주워 가지고 와서는 자기 어깨에 걸치고 토끼를 따라잡으려고 열심히 달려왔어요.

고슴도치가 막대기를 들고 있는 것을 보고는 토끼가 놀라서 말했어요.

“무엇에 쓸려고 그 막대기를 다시 가지고 온 거야?”

“이 막대기는 그냥 막대기가 아니야” 고슴도치가 설명했어요.

“이것은 고마운 막대기라고.”

토끼는 대답 대신 '휴'하고 한숨을 내쉬었어요. 이해할 수 없었던 거죠. 그 둘은 더 가다가 작은 개울을 만났어요.

토끼는 한 걸음에 작은 개울을 뛰어 넘고는 건너편에 서서 고슴도치를 향해 소리쳤어요.

"얘, 뾰쪽 머리야, 네 막대기를 던져버려. 그걸 가지고서는 개울을 건널 수 없어!"

고슴도치는 아무 대답도 하지 않고 잠시 뒤로 물러난 다음, 달려오더니 개울' 한 중앙에 막대기를 꽂고는 순식간에 개울 반대쪽으로 날아왔어요. 그리고는 마치 아무 일도 없었다는 듯 토끼 옆에 서 있는 거예요.

토끼는 놀라서 입을 다물지 못했어요.

"너 정말 대단하구나, 꼭 크게 뛰어 오는 것 같았어!"

"나는 전혀 뛰질 못해" 고슴도치가 말했어요.

"이 고마운 막대기가 다 뛰어넘기를 잘 할 수 있도록 나를 도와 준거야."

그들은 다시 길을 떠났어요. 조금 더 가자 늪이 나왔어요. 토끼는 흙덩이를 밟고 뛰었어요. 고슴도치는 뒤로 가서 막대기로 길을 먼저 확인했어요.

"얘, 뾰족 머리야, 너 거기서 왜 그렇게 힘들게 걷고 있니? 아마도 네 막대기가..."

토끼가 말을 마치기도 전에 흙덩이에서 떨어져 늪에 빠졌는데 귀까지 흠뻑 젖고 말았어요.

고슴도치가 흙덩이로 건너와서 토끼에게 가까이 와서는 소리쳤어요.

"토끼야, 어서 막대기를 잡아! 더 꽉 잡아!"

토끼는 막대기를 잡았어요. 고슴도치는 있는 힘을 다해 잡아당겨 늪에서 자신의 친구를 꺼내주었어요.

풀밭 위로 토끼가 올라 왔을 때 토끼는 고슴도치에게 말했어요.

"고마워, 고슴도치야, 네가 나를 살렸어."

"무슨 소리야! 이 고마운 막대기가 어려움에서 구해준거야."

이 둘은 다시 길을 떠났어요. 크고 어두컴컴한 숲 주위에서 땅에 떨어져 있는 아기 새를 발견했어요.

아기 새는 둥지에서 떨어져 애처롭게 짹짹거리며 울고 있었지만 부모 새는 어떻게 해야 할지 모른 채 아기 새 위에서 맴돌고 있었어요.

"도와줘요, 도와줘요!" 새들이 지저귀며 외쳤어요. 둥지가 높아서 고슴도치도 토끼도 손이 닿을 수가 없었어요. 그리고 고슴도치도, 토끼도 나무에 올라갈 줄 몰랐어요. 하지만 도와줘야만 했어요.

고슴도치가 골똘히 생각하더니 마침내 무언가를 생각해냈어요.

"나무쪽으로 서봐! 토끼에게 말했어요.

고슴도치의 말에 토끼는 나무쪽으로 섰어요. 고슴도치는 자기 막대기의 끝에 아기 새를 올려놓고 토끼의 어깨로 올라가서는 할 수 있는 만큼 막대기를 들어 올려 아기 새를 거의 둥지 가까이 닿을 수 있도록 했어요. 아기 새는 다시 짹짹 소리를 내더니 바로 둥지로 뛰어 들어갔어요. 아기 새의 아빠 엄마는 너무나 기뻤어요! 그래서 토끼와 고슴도치 주위를 빙빙 날아다니며 지저귀었어요.

"고마워, 고마워, 정말 고마워!"

토끼가 고슴도치에게 말했어요.

"잘했어, 고슴도치야! 정말 좋은 생각을 해냈어!"

"무슨 소리야! 이것이 다 고마운 막대기가 있어서 할 수 있었던 건데."

그 둘은 숲에 들어갔어요. 안으로 자꾸 들어 갈수록 숲은 더 울창하고 어두컴컴했어요. 토끼는 무서워졌어요. 하지만 고슴도치는 막대기로 풀숲 가지들을 물리치면서 앞으로 계속 들어갔어요. 갑자기 고슴도치와 토기 앞으로 나무 뒤에 있던 늑대가 튀어나와 길을 막았어요.

"거기 서!" 늑대가 말했어요.

토끼와 고슴도치는 깜짝 놀라 그 자리에 멈칫춰 섰어요.

늑대는 입맛을 크게 다시며 이빨을 드르륵 갈고는 말했어요.

"고슴도치야, 너는 가시가 많아서 건드리지 않으마. 그런데 토끼야, 너는 다 먹어 치울 거야. 꼬리도 귀도 모조리 다!"

토기는 무서워서 벌벌 떨었어요. 마치 겨울날 완전히 얼어붙은 듯이 토끼는 온 몸이 마비가 되어 도망칠 수가 없었어요.

마치 다리가 땅에 단단히 붙어 버린 것 같았어요.

토끼는 눈을 감았어요. 이제 늑대가 토끼를 잡아먹으려 하겠죠.

고슴도치는 당황하지 않았어요. 막대기를 휘둘러 있는 힘껏 늑대의 등을 내리쳤어요. 늑대는 아파서 끙끙대는 소리를 내더니 뒤로 물러났어요. 그러더니 한 번도 돌아보지도 않고 그렇게 도망가 버렸어요.

"고마워, 고슴도치야, 네가 늑대로부터 나를 구해줬어!"

"아니야, 이 고마운 막대기가 적을 물리쳐 준거야." 하고 고슴도치가 대답했어요.

다시 둘은 길을 떠났어요. 숲을 통과하니 길이 나왔어요. 하지만 이제 산으로 올라가야 하는 힘든 길이 나왔어요.

고슴도치는 막대기를 의지하며 앞에서 걸었지만, 불쌍한 토끼는 피곤해서 쓰러질 뻔 하면서 뒤쳐져서 겨우 걸었어요. 집 가가이 왔지만 토끼는 더 이상 걸을 수가 없었어요.

“힘을 내. 내가 도와줄게.” 고슴도치가 말하면서 막대기를 내밀었어요. “내 막대기를 잡아봐.”

토끼가 막대기를 잡자 고슴도치는 산으로 토끼를 끌고 올라갔어요.

토끼는 걷기가 훨씬 가벼워진 것 같았어요.

“있잖아” 토끼가 고슴도치에게 말했어요. “너의 고마운 막대기가 이번에도 나를 도와줬어.”

그렇게 하여 고슴도치는 토끼를 집에까지 무사히 잘 데려다 주었어요. 거기에는 토끼를 오랫동안 기다리고 있던 토끼 가족들이 있었어요,

가족들을 만나 너무나 기쁜 토끼는 고슴도치에게 말했어요.

"고슴도치야, 만일 너의 고마운 막대기가 아니었다면 나는 집에도, 가족에게도 오지 못했을 거야."

고슴도치는 웃으며 말했어요.

"이 막대기를 선물로 가져. 어쩌면 너한테 필요할 지도 몰라."

토끼가 어리둥절해 하며 말했어요.

"너는 이 요술쟁이 같은 고마운 막대기가 없으면 어쩌려고 그래?"

“괜찮아” 하고 고슴도치가 대답했어요.

“막대기는 어디서든 구할 수 있지만 이 고마운 막대기는…”

고슴도치는 자신의 이마를 두드렸다.

“어디에서 구할 수 있는지 알겠지?”

그때서야 토끼는 깨달았어요.

“네 말이 맞아. 중요한 것은 막대기가 아니라 지혜로운 머리, 선한 마음이야!?

4-2 주제 : 브이둠까[*] 공주와의 놀이

활동 주제

엠빠지야 기법(метод Эмпатии)[**]활용하여 상상하기

활동 목표

1. 엠빠지야 기법을 사용하여 상상하도록 가르치기
2. 아이들의 상상력, 논리적 사고력, 연극적 재능을 발달시키기
3. 아이들의 언어 및 사물을 묘사하는 다양한 표현력을 발달시키기

활동 과정

단계의 명칭	단계의 내용	활동 자료	시량	유의점
1단계 동기부여 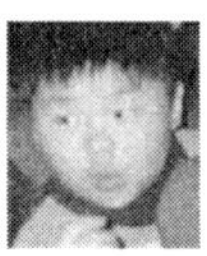	• 〈뛰는 개구리〉 장난감으로 아이들의 호기심 유발하기	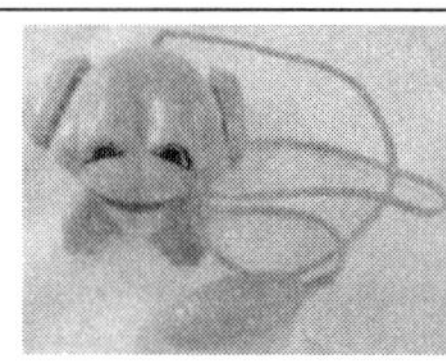 〈뛰는 개구리〉	5분	

[*] 브이둠까(Выдумка): 러시아어로 브이둠까는 '생각해 냄, 꾸며낸 이야기'라는 뜻이다. 즉, '꾸며내기를 좋아하는 사람'으로 번역될 수 있다. 여기서 브이둠까 공주 이름은 이 공주가 다양하고 재미있는 것을 상상하고 그것을 이야기로 만드는 것을 좋아한다는 것을 암시해주는 이름이다.

[**] 엠빠지야 기법(метод Эмпатии)이란 어떠한 사물의 특징에 기초하여 그 특징을 중심으로 연상 훈련을 시키는 기법이다.

2단계 중심내용 	• 브이둠까 공주와의 만남 갖기 • 엠빠찌야를 이용한 상상하기 • 다양한 형상을 만들어내기	• 브이둠까 공주 그림 • 곰, 토끼, 늑대, 개구리, 고양이, 물고기 그림 • 활동지 색연필	15분	
3단계 심리적 긴장풀기 	• 〈아기오리〉 제목의 노래에 맞춰 즉흥 율동하기	 〈아기오리〉	10분	
4단계 갈라바롬까 	• 〈무늬를 맞춰봐〉 놀이하기 	• 여러 가지 퍼즐 조각	15분	
5단계 마무리 및 평가  	• 활동을 통해 알게 된 것을 서로 이야기 나누며 정보 공유하기 • 표정 스티커 또는 표정 평가판을 활용하여 수업에 대한 느낌 및 이해도를 표현하기	• 표정 스티커 • 표정 평가판	5분	

활동 방법

1단계- 동기부여

〈뛰는 개구리〉 장난감으로 수업에 대한 아이들의 호기심을 유발한다.

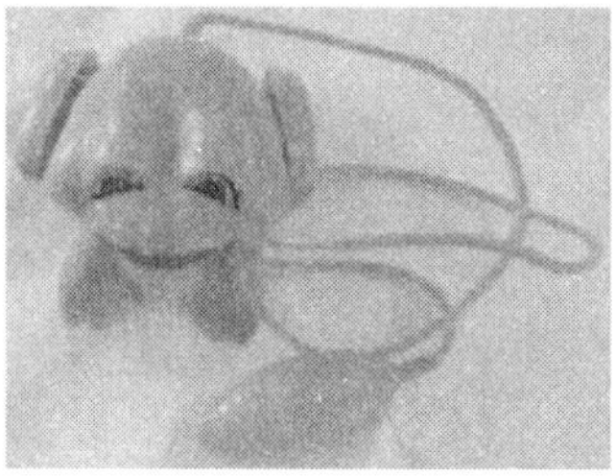

2단계 - 중심내용

중심내용의 주요 활동

- 브이둠까 공주와 만나기
- 엠빠찌야 기법을 이용하여 상상하기
- 다양한 형상을 창조하여 표현하기

중심내용 활동을 위한 이론적 설명

본 수업에서 아이들은 상상 기법 중 하나인 엠빠지야 기법에 대해 알게 된다. 이 방법은 부분적으로 이전 수업에서 사용했었다. 이 방법의 본질은 아이가 다른 형상으로 변형하여 그 변형된 사물 혹은 대상의 눈으로 세상을 바라보는 상상력, 표현력을 기르는데 있다..

개요

▶ 브이둠까 공주와의 만남

교사는 아이들에게 오늘 수업에 브이둠까라는 아주 재미있는 이름을 지닌 공주가 왔다고 알려준다. 교사는 미리 공주 이름의 어휘적 의미를 설명해 주고 시작한다.

공주의 그림을 칠판에 걸어놓는다.

교사 - 공주의 이름이 왜 그럴까 생각해보세요.

아이들 - 공주는 생각해내는 걸 좋아해서예요.

교사 - 브이둠까 공주는 재미있고 다양한 놀이를 만들어내고, 다양한 사물에 대한 이야기와 이 사물들로 상상하는 것을 좋아해요.
오늘 공주가 여러분에게 이 놀이 하는 법을 알려줄 거예요.

▶ 엠빠지야 기법을 이용하여 상상하기

브이둠까 공주는 아이들에게 어떤 동물로 변해서 동작으로 그 동물을 묘사하도록 한다.

칠판에 토끼, 곰, 늑대, 개구리, 고양이, 물고기의 그림을 걸어놓는다.

아이들은 둥글게 서서 제시된 동물들 중 하나를 선택한다.

아이들 모두가 차례대로 이 동물의 동작에서 특징적인 것을 보여주면 나머지 아이들이 어떤 동물인지 맞힌다.

예를 들어:

- 곰 - 뒤뚱뒤뚱 걷거나 손으로 배를 두드리는 행동을 한다
- 토끼 - 깡충깡충 뛰어다닌다.
- 늑대 - 얼굴을 위로 들고 목을 길게 빼고는 우는 소리를 낸다.
- 개구리 - 앉았다 뛰어오르며 돌아다닌다.
- 고양이 - 네 발로 걸으며 야옹 소리를 낸다.
- 물고기 - 양손을 뒤로해서 꼬리 모양을 하고는 헤엄친다.

※ **참고사항**

교사는 아이들에게 일반적인 동물의 형상 및 동작보다 자기만의 독창적인 표현을 해 보도록 유도한다.

그런 다음 교사는 '선택한 동물' 예를 들어, 토끼 그룹, 고양이 그룹별로 아이들을 모은다.

그리고 질문에 따라 자신에 관한 이야기를 만들도록 한다.

- 여러분은 누구인가요?.
- 여러분은 무엇을 먹는 것을 좋아하나요?
- 여러분은 누구를 무서워하나요?
- 여러분은 어디서 사나요? 등등

아이들은 자신의 의견을 말하고 공동으로 이야기를 만든다.

이야기를 만드는 과정에서 교사는 아이들에게 질문을 한다.

- 여러분은 무엇을 좋아하나요?
- 여러분의 귀, 꼬리는 어떻게 생겼나요?
- 여러분은 누구와 친하게 지내나요?
- 여러분의 성격은 어떤가요?

▶ 사물 혹은 대상의 특징에 따라 형상을 창조해 보기 - 워커지 활동

교사는 아이들에게 브이둠까 공주의 질문 "그림에 누가 (혹은 무엇이) 묘사되어있나요?" 에 답을 맞혀보도록 한다.

아이들은 워커지에 자신들이 생각하는 답을 표현해본다. 아이들은 활동을 끝낸다.

교사는 필요하다면 아이들에게 개별적 도움을 준다. 그런 다음 브이둠까 공주는 아이들에게 자신들이 그린 사물 혹은 대상으로 변했

다고 생각하고 그 사물(대상)이 되어 자신을 이야기 해 보라고 한다.

아이들은 칠판으로 나가 자신의 그린 그림을 보여주고 자신에 대해 이야기한다.

예를 들어, 나는 태양이야. 나는 둥글고 노란색이야. 나는 온세상을 따뜻하게 해.

나는 딸기야. 잘 익었고 아주 맛이 좋아. 나는 빨간색이야. 태양과 따뜻한 것을 좋아해.

수업 마무리에 아이들은 브이둠까 공주에게 즐거운 놀이를 가르쳐 주어 고맙다고 한다.

3 단계 - 심리적 긴장풀기

〈아기오리〉제목의 노래에 맞춰 율동하기

4단계 - 갈라바롬까

여러 가지 퍼즐 조각들을 이용하여 〈무늬를 맞춰봐〉 놀이하기

5단계 - 마무리 및 평가

교사는 짧게 수업을 마무리한다.

그런 다음 교사는 아이들에게 스스로 수업을 평가하도록 한다 (재미있다-재미없다, 마음에 들었다, 마음에 안 들었다 등등).

이것은 아동이 수업에 대한 인지력, 감정적 평가를 하도록 하는 것이다. 교사는 아이들이 평가항목을 선택할 때 신속하게 하도록 권장한다.

교사는 아이들에게 활동지에 만일 수업이 흥미로웠거나 재미있었으면 웃고 있는 여자아이 옆에 체크(✔)하도록 하고 만일 수업이 재미가 없었으면 진지한 표정의 여자아이 옆에 체크(✔)하도록 한다.

※ 유의사항

매 수업 후 아이들의 자유시간이나 놀이 시간에 간단한 테스트를 실시한다.

5 Chapter

초등학생을 위한 수업

본 장에서는 NFTM-TRIZ 창의 교육 시스템 내 초등학생을 위한 수업 안으로 초등학생들의 인지적, 정의적 수준을 고려한 트리즈의 원리와 다른 교과목들과의 교육 연계를 고려하여 지도할 수 있도록 구성된 수업안을 소개한다.

5-1 주제 : 시장에 가요

1) 단원의 개관

'시장에 가요.'는 '바른 생활', '슬기로운 생활', '즐거운 생활' 세 교과를 연계하여 지도할 수 있도록 구성한 통합 주제 단원이다. 주된 내용은 즐거운 생활에서의 '가게 놀이 하기'와 바른 생활의 '질서 지키기'를 통합함으로써 학생들의 창의·인성 함양에 목표를 두었다.

'가게 놀이'를 하면서 기존에 없는 색다른 자기만의 상품을 개발하여 가게 놀이를 하는 과정을 통해서 학생들의 창의력이 신장될 수 있도록 하였고, 이와 연관해서 '질서 지키기' 단원을 통해 사람들이 많이 모이는 곳에서 지켜야 할 규칙과 질서를 알아보고 실천할 수 있도록 통합 단원을 구성하였다. 학생들은 이 단원을 학습함으로써 '질서'라는 덕목에 대해서 배우고 실천할 수 있으며, 자신만의 상품을 만들면서 다양한 사고력과 창의력을 함양하고, 특히 '가게 놀이'를 해봄으로써 공동체 생활에 대한 가치 교육도 통합할 수 있다.

이 단원은 NFTM-TRIZ 창의력 향상 시스템을 토대로 하여 트리즈의 발명 원리들 중에 3번재 원리인 '국소적 성질'과 5번째 원리인 '결합/통합'원리를 바탕으로 다양한 내용들을 통합하여 학생들의 창의력과 인성 함양을 돕는 데에 의의가 있다. 단원은 전체적으로 KDB모형에 따라서 '알기-하기-되기'의 구조로 구성하였다.

2) 단원의 목표

- 사람들이 많이 모이는 곳에서 지켜야할 규칙에 대해 알 수 있다.
- '질서'를 지켜야 하는 이유를 알고 실천할 수 있다.
- '나만의 상품 개발하기'를 통해 학생들의 상상력을 기를 수 있다. - '나만의 상품'을 친구들에게 소개함으로써 말하기 능력을 신장할 수 있다.
- '시장놀이' 노래의 노랫말을 바꾸어 부르며 표현력을 기를 수 있다.
- 가게나 시장 등 우리 주변의 모습에 대해 알 수 있다.
- '가게 놀이'를 통해 물건을 사고 팔아보며 경제관념을 체득할 수 있다.

3) 단원 전개도

<table>
<tr><th colspan="3">단원 : 시장에 가요.</th></tr>
<tr><th>차시</th><th>학습내용</th><th>관련 교과 및 단원(학년-학기-단원)</th></tr>
<tr><td>1</td><td>◆ 교육용 연극 보기
• 엄마와 같이 '시장'에 간 은영이가 시장에서 사람들이 규칙과 질서를 지키지 않는 모습과 시끌벅적한 시장의 모습을 떠올리고 그것에 대해 일기를 쓰는 내용의 교육용 연극을 보여준다.

◆ 사람이 많이 모이는 곳에서의 규칙과 질서 알기
• 축제나 시장 등 사람이 많이 모이는 곳에 가본 경험 이야기하기
• 질서와 규칙을 지켜야 하는 이유 알아보기
• 구체적으로 지켜야 할 질서와 규칙에 대해 알기
• 상황과 그에 맞는 규칙과 질서 연결하기
• 마무리 및 평가하기
• 칠판 게시자료를 보며 배운 내용 정리하기
• 수업의 느낌 표현하기</td><td>·바른 생활 2-2-6 질서 지키기
·슬기로운 생활 2-2-5 마을 사람들이 하는 일 조사하기
·즐거운 생활 2-2-5 가게 놀이하기</td></tr>
<tr><td>2</td><td>◆ 주변의 생활용품을 보고 이야기 나누기
• 자신이 사용해 본 편리하거나 기발한 물건에 대해 발표하기
• 사용하기 불편한 물건에 대해 이야기하기
◆ 기발한 아이디어로 생활에 편리하게 만든 물건 보여주기
◆ 나만의 상품 만들기
• 기존의 상품을 두 가지 이상 결합하거나 기존의 불편했던 부분을 편리하게 바꾸기
• 자신이 만든 상품을 발표하고 전시하기
◆ 수업의 느낌을 표현하기
◆ 예습과제 제시
• '시장 놀이'에 필요한 준비물 준비하기
※ 본시 NFTM-TRIZ 교수 · 학습안 덧붙임</td><td>·바른 생활 2-2-5 물건 소중히 하기
·슬기로운 생활 2-2-5 생활에 필요한 물건 알아보기</td></tr>
</table>

3	◆ '시장 놀이 송'을 듣고, 노래 따라 부르기 ◆ 노래를 듣고 시장에 대해서 이야기하기 • 주인과 손님의 역할에 대해 알아보기 • 시장에서 지켜야할 규칙, 질서, 예절 배우기 ◆ '시장 놀이' 준비 하기 • 예습과제 확인하기(시장놀이 준비물) • 주인과 손님 등 역할 나누기 • 나만의 상품을 판매하거나 여러 상품 사고 팔기 ◆ '시장 놀이' 하기 • 4인 1조로 가게를 차리고 물건을 팔기 • 시장에서 지켜야할 질서, 예절 지키기 ◆ '시장 놀이' 마무리 • 판매하거나 구입한 상품에 대해 이야기 나누기 ◆ 수업에 느낌을 몸으로 표현하기	·바른 생활 2-2-6 질서 지키기 ·즐거운 생활 2-2-5 가게 놀이하기

4) 교수 · 학습 계획(안)

수업 대상	초등 2학년	**창의·인성 덕목**	질서, 상상력, 표현력
수업 주제	질서 속의 발명		
수업 목표	일상생활에서 두 가지 이상의 기능을 합하거나 전체 중 부분만을 바꾸어 좋아질 수 있는 것들을 찾아보고 이를 활용할 수 있다.		
수업 자료	생활 용품, 예시 자료, 전시판(학습결과물 부착)		
교수·학습 단계	**교수·학습 내용**	**시량**	**준비물 /유의점**
1단계 동기부여 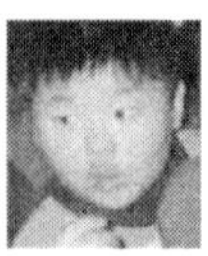	◆ 생활용품을 보고 이야기 나누기 • 생활용품을 보고 편리한 점 이야기하기 • 사용하기 불편했던 물건들 이야기하기 • 불편했던 물건들을 어떻게 편리하게 할 수 있을지 이야기하기	3분	생활 용품 (편리한 것과 불편한 것)

2단계 중심내용 	◆ 국소적 성질의 원리와 결합/통합의 원리에 대해서 간단히 소개한다. ◆ 기발한 아이디어가 돋보이는 물건 살펴보기 • 기존의 제품들과 다른 점에 대해 말해보기 ◆ 교사가 제시하는 물건을 원리에 따라 새롭게 바꿔 보기 • 창의력을 발휘하여 조별로 ‘필통’을 새롭게 바꾸는 방법에 대해 발표하기	12분	아이디어 상품들 (지우개 달린 연필, 포크기능이 있는 숟가락, 구부러지는빨대, 필통)
3단계 심리적 긴장풀기 	◆ 게임 또는 유희 활동 다함께 “발명송” 노래 부르기 :모두가 동그랗게 원을 만들어 노래를 부르며 자신의 감정을 몸짓으로 표현한다. • 교사가 이름을 호명하면 그 학생은 원의 가운데로 나와서 노래를 듣고 몸짓으로 표현 한다.	5분	음악자료 (발명송) 순서대로 모든 학생의 이름을 불러주도록 한다.
4단계 갈라바롬까 	◆ ‘나만의 상품 개발’을 위한 설계하기 • 상상력과 창의력을 발휘하여 국소적 성질, 결합/통합의 원리에 따라 나만의 상품 개발을 위한 설계하기 • 예: 스탠드처럼 빛이 나와서 어두울 때도 책을 편하게 읽을 수 있는 안경, 빨대와 젓가락의 기능을 동시에 가진 상품 등	15분	생각들을 자유롭게 표현해보도록 유도한다.
5단계 마무리 및 평가 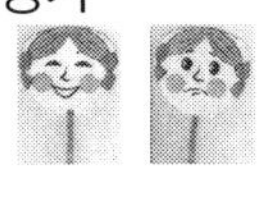	◆ 자기가 개발한 상품의 특징과 장점을 친구들에게 소개하고 작은 전시회 하기 ◆ 수업의 느낌을 몸으로 표현하기 ◆ 예습과제 제시	5분	모두 참여할 수 있도록 안내한다.

5-2 주제 : 소중한 우리 가족

1) 단원의 개관

2009 개정 교육과정은 '바른 생활', '즐거운 생활', '슬기로운 생활' 이 세 교과가 8개의 대주제를 중심으로 통합이 이루어지고, 학생들이 학습을 통하여 성취해야 할 수준을 '성취기준'으로 제시하고 있다는 점에서 2007개정 교육과정과는 다른 특징을 가지고 있다.

이러한 2009 개정 통합 교육과정의 특징을 반영하고, 요즘 학교 현장에서 중요하게 다루어지고 있는 '창의 · 인성'을 함양할 수 있는 내용으로 구성 된 통합단원을 설계하고자 하였다. '소중한 우리 가족'은 이러한 의도가 반영 된 통합단원으로 '바른 생활', '슬기로운 생활', '즐거운 생활' 이 세 교과가 '가족'을 중심으로 통합되었다. 사회생활의 시작이라고 할 수도 있는 초등학교에 입학한 지 얼마 되지 않은 저학년 학생들에게 가족의 의미는 더욱 특별하다고 할 수 있다. 학생들에게 가족은 소중한 존재이지만, 동시에 자신과 가장 가까이 있는 사람이고, 가장 편한 사람이라고 생각하여 부모님께 버릇없이 행동하는 등 가족 간 지켜야 할 예절을 지키지 않는 경우가 많다. 따라서 가족에 대한 소중함을 느끼고, 가족 간에 지켜야 할 예절을 배우고, 그리고 가족에게 감사하고 사랑하는 마음을 표현해 보면서 학생들의 창의와 인성이 계발 될 수 있도록 설계하였다.

특히 트리즈 원리들 중 20번째 원리 '유용한 작용의 지속: 계속하게 만들자' 원리를 중심으로 수업 활동을 설계하였다. 즉, 가족의 소중함과 가족 간 지켜야 할 예절을 학교 수업 활동으로만 끝내는 것이 아니라 실생활에서 지속적으로 실천할 수 있도록 하였다. 단원을 총 3차시로 구성하여 각 차시별로 다음과 같이 구체적인 학습 활동을 설계하였다.

1차시는 '가족은 소중해요'라는 주제 학습을 시작하는 단계로써, 브레인스토밍과 같이 생각을 꺼내보는 활동을 통해 '가족'의 의미를 정리해보고, 가족의 고마움을 느꼈던 경험을 이야기 해보고, 가족에게 바라는 점, 함께하고 싶은 일 등을 이야기 해보는 활동 등이 이루어진다. 이와 같은 활동들은 앞으로의 활동에 앞서 가족의 소중함을 느낄 수 있도록 하고 그와 함께 가족에 대한 고마운 마음을 가질 수 있도록 한다.

2차시는 가족 간 지켜야 할 예절을 배우는 내용으로 이루어진다. 먼저 가족 간 예절을 지키지 않아 부모님께 혼이 났거나 형제, 자매끼리 다투게 되었던 경험들을 이야기 해 보면서 가족 간 예절을 지키지 않았을 경우 어떻게 되는지 생각해 볼 수 있는 시간을 가진다. 그리고 가족 간 예절을 지켜야 하는 이유와 예절을 지키기 위해 어떻게 해야 하는지를 함께 이야기 해 보는 활동을 통해 배울 수 있도록 전개 된다.

3차시는 가족에게 고마움을 전달하는 활동으로 이루어진다. 1차시에서 배운 가족의 소중함이 이번 차시의 고마움을 전달하는 활동으로 이어지고, 2차시에서 배운 가족 간 지켜야 할 예절이 이번 차시에서 고마움을 전달하는 표현에서 실천적인 면으로 이어지도록 차시를 구성하였다.

고마움을 표현하는 방법을 고민해 보는 과정에서 창의성이 계발되도록 하였으며, 가족의 소중함을 알고, 가족에게 고마운 마음을 가지며 가족 간 예절을 지키도록 하는 부분에서 인성적인 면이 계발될 수 있도록 단원을 구성하였다.

2) 단원목표

① K(Know) - 가족의 소중함을 알 수 있다.
- 가족 간 지켜야 할 예절을 알 수 있다.

② D(Do) - 가족에게 다양한 방법으로 고마운 마음을 표현해 볼 수 있다.

③ B(Be) - 가족의 소중함과 고마움을 알고, 가족을 사랑하는 마음을 가질 수 있다.

3) 단원 전개도

주제 : 소중한 우리 가족		
차시	**학습내용**	**관련 교과 및 단원(학년-학기-단원)**
1	◆ 브레인 스토밍 • '가족' 하면 떠오르는 생각 정리하기 • 경험을 통해서 가족에 대한 고마움, 소중함과 바라고 싶은 점, 함께하고 싶은 일 등을 이야기하기 ◆ 브레인스토밍을 통해 떠오른 생각들을 발표해 보면서 가족의 의미와 가족의 소중함 알기 ◆ 가족을 위해서 할 수 있는 일을 말해보기 ◆ 정리 및 평가	·슬기로운 생활 1학년-1학기-3단원 가족은 소중해요
2	◆ 부모님께 버릇없이 행동했던 경험 떠올리기 ◆ 형제, 자매와 다퉜던 경험 떠올리기 ◆ 가족 간 예절을 지키지 않아 겪었던 문제들 정리하기 ◆ 가족 간 지켜야 할 예절 알아보기 ◆ 정리 및 평가	·바른 생활 1학년-1학기-3단원 가족은 소중해요
3	◆ 가족에 대해 고마운 점 떠올리기 ◆ 가장 고마웠던 경험 정하기 ◆ 가족에게 고마웠던 점 표현하는 방법 살펴보기 ◆ 가족에게 고마웠던 점에 대해 고마운 마음 전달하기 ◆ 정리 및 평가	·즐거운 생활 1학년-1학기-3단원. 가족은 소중해요

4) 교수 · 학습 계획(안)

수업 대상	초등 1학년	**창의·인성 덕목**	예의, 고마움, 상상력, 표현력
수업 주제	TRIZ원리 20번 - 유용한 작용의 지속(continuity of useful action) : 계속하게 만들자		
수업 목표	1. 가족에 대한 고마움을 알 수 있다. 2. 가족에 대한 고마운 마음을 표현할 수 있다. 3. 상상력과 표현력을 기를 수 있다.		
수업 자료	편지자료, 표현방법 알림판, 편지종이, 노래자료		
교수·학습 단계	**교수·학습 내용**	**시량**	**준비물(*) /유의점(☞)**
1단계 동기부여 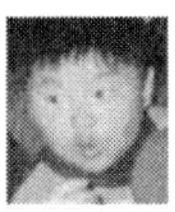	◆ 가족에 대해 고마움을 전달한 자료 보여주기 • 가족에게 편지를 써 본 경험 이야기 해보기 • 가족에게 고마움을 다른 방법으로 표현해 본 경험 이야기 해보기	5분	*편지자료
2단계 중심내용 	◆ 유용한 작용의 원리에 대해서 간단히 소개한다. ◆ 가족에게 고마운 마음 표현하는 방법 알아보기 • 편지 쓰기, 전화하기, 포옹하기, 춤추기 등 다양한 방법들에 대해 이야기 해 본다. ◆ 가족에게 고마운 마음 표현해 보기 • 짧은편지 쓰기	15분	*표현방법 알림판,편지지 ☞자유롭고 편안한 분위기 조성
3단계 심리적 긴장풀기	◆ 게임 활동 〈 다함께 표현 해보기 〉 : 모두 함께 작은 원과 큰 원으로 모인다. (포크댄스 하듯이) 노래가 시작되면 바깥쪽 원의 학생들이 오른쪽으로 돌다가 노	5분	*노래자료 ☞규칙에 대해 정확히 설명한다.

	래가 멈추면 제자리에 선다. 그리고 자리에 섰을 때 만나는 친구에게 고마움의 표현을 다양한 방법으로 해 본다.		
4단계 갈라바롬까 	◆ 가족에 대한 소중함을 느끼고 앞으로도 가족에게 고마움의 표현을 할 수 있는 방법을 자유롭게 이야기 해 본다.	5분	자유롭고 편안한 분위기를 조성한다.
5단계 마무리 및 평가 	◆ 학습 내용 정리하기 ◆ 가족의 고마움을 잘 표현하겠다고 다짐하기 ◆ 차시예고	5분	표현하는 행동이 지속적으로 이루어지도록 한다.

5-3 주제 : 배려하는 우리

1) 단원의 개관

최근 왕따와 학교 폭력이 심각한 사회적 문제로 대두되고 있고 청소년의 범죄율은 나날이 증가하고 있는 추세이다. 이는 입시와 경쟁 위주의 대한민국 교육의 병폐를 여실히 드러내 보인다. 국·영·수 위주의 주입식 교육과 예체능 및 인성 교육의 부재에 의한 결과인 것이다. 이에 최근 국가에서는 인성 교육을 강화하겠다고 공포하였다. 이와 같은 현실을 고려하여 여러 가지 중요한 인성 덕목들 중에서 '배려'를 선정하여 이 통합단원의 주제로 삼았다.

이 통합단원은 '바른 생활', '슬기로운 생활', '즐거운 생활'과의 내용 중에서 '배려'와 관련되는 내용들을 서로 연계하여 '배려'의 덕목을 통합적으로 교수·학습 할 수 있도록 단원을 구성하였다. 그리고 트리즈의 발명 원리들 중에 '12. 높이 맞추기(equipotentiality) : 상대방에게 쉽도록 환경을 바꾸자'라는 원리를 바탕으로 상대방의 입장에서 생각해보고, 배려하는 마음으로 나와 상대방을 비롯한 모두를 위해 쾌적하고 살기 좋은 환경을 구상하고 표현해보는 활동으로 총 3차시를 구성하였다.

1차시에서는 '바른 생활'의 '4. 사이좋은 이웃'과 관련하여 이웃을 도와야 하는 까닭을 알아보고 배려의 마음가짐을 가지며, '슬기로운 생활'의 '5. 함께 사는 우리'와 관련하여 우리 마을을 위하여 애쓰시는 분들을 조사해보고, '즐거운 생활'의 '3. 토끼와 거북이'와 관련하여 마을을 위하여 애쓰시는 분들, 예를 들어 경찰관, 소방관 등의 특징이 드러나도록 가면을 만들어 흉내 내보는 활동을 하도록 지도한다.

2차시에서는 '바른 생활'의 '6. 함께 지켜요'와 관련하여 공공장소에서 지켜야 할 일을 알아보고, '슬기로운 생활'의 '5. 함께 사는 우리'와 관련하여 공공장소를 포함하여 자신이 사는 마을의 모습을 그림지도로 그려보며, '즐거운 생활'의 '4. 꽃으로 꾸미는 세상'과 관련하여 '어린이 왈츠'를 공공장소에서 지켜야 할 일을 표현하는 노랫말로 개사하여 불러보도록 지도한다.

3차시에서는 '바른 생활'의 '5. 함께 사는 우리'와 관련하여 다른 사람을 배려해야 하는 까닭을 알아보고 배려하는 마음가짐을 가지도록 지도하며, '슬기로운 생활'의 '6. 우리 집이 좋아요'와 관련하여 가족 구성원 모두가 행복하게 살 수 있는 집을 상상해보는 활동을 하도록 하고, '즐거운 생활'의 '5. 함께 사는 우리'와 관련하여 그러한 집을 직접 만들어 보고 자신의 작품을 전시하며 다른 친구들의 작품을 감상하는 활동을 하도록 지도한다.

2) 단원의 목표

- 다른 사람을 배려해야 하는 까닭을 알고 실천할 수 있다.
- 공공장소에서 지켜야 할 예절을 알고 실천할 수 있다.
- 이웃을 위하여 애쓰시는 분들을 알 수 있다.
- 가면을 만들어 흉내 내기를 할 수 있다.
- 자신이 사는 마을의 모습을 지도로 그릴 수 있다.
- '어린이 왈츠'의 노랫말을 공공장소에서 지켜야 할 일로 바꾸어 부를 수 있다.
- 가족 구성원 모두가 행복하게 살 수 있는 집을 구상하여 만들 수 있다.

3) 단원 전개도

단원 : '배려하는 우리'		
차시	학습내용	관련 교과 및 단원(학년-학기-단원)
1	◆ 동영상 보기 • 이웃 할머니의 무거운 짐을 대신 들어주는 청년의 모습과 거동이 불편한 장애우를 부축해주는 소녀의 모습을 동영상으로 보기 • 동영상을 보고 느낀 점을 말해보고 이웃을 도와야 하는 까닭을 알아 보기 • 이웃을 도와주는 마음가짐 가지기 ◆ 마을을 위하여 애쓰시는 분들 조사하기 • 경찰관, 소방관, 환경미화원 등 우리 마을을 위하여 애쓰시는 분들을 조사하기 • 나의 이웃과 우리 마을을 위하여 내가 할 수 있는 일 조사하기 ◆ 흉내 내기 • 경찰관, 소방관, 환경미화원 등 우리 마을을 위하여 애쓰시는 분들의 특징이 드러나도록	• 바른 생활 2-1-4 사이좋은 이웃 • 슬기로운 생활 2-1-5 함께 사는 우리 • 즐거운 생활 2-1-3 토끼와 거북이

	가면을 만들어 흉내 내기 ◆ 마무리 및 평가하기 • 수업을 통하여 알게 된 점과 느낀 점 말하기	
2	◆ 공공장소에서 지켜야 할 예절 알기 • 공공장소에서 예절을 지켜야 하는 까닭 알기 • 공공장소에서 지켜야 할 예절을 알고 실천 의지 다지기 ◆ 우리 마을 지도로 그리기 • 우리 마을의 모습을 조사하기 • 우리 마을의 모습을 지도로 그리기 ◆ 노랫말 바꾸어 부르기 • '어린이 왈츠'를 공공장소에서 지켜야 할 일을 표현하는 노랫말로 개사하여 부르기 ◆ 마무리 및 평가 • 수업을 통하여 알게 된 점과 느낀 점 말하기	• 바른 생활 2-1-6 함께 지켜요 • 슬기로운 생활 2-1-5 함께 사는 우리 • 즐거운 생활 2-1-4 꽃으로 꾸미는 세상
3	◆ 다른 사람을 배려하였던 경험 이야기하기 • 다른 사람을 배려할 때의 느낌 말해 보기 • 다른 사람을 배려해야 하는 까닭을 알기 • 배려하는 마음가짐 가지기 ◆ 행복한 우리 집 상상하기 • 가족 구성원 모두가 행복하게 살 수 있는 집을 상상해 보기 ◆ 행복한 우리 집 만들기 • 가족 구성원 모두가 행복하게 살 수 있는 집을 만들어 보기 ◆ 행복한 우리 집 전시하기 • 자신이 완성한 집에 제목을 붙이고 전시회하기 • 친구들의 집을 감상하고 느낀 점 이야기 해 보기 ※ 교수·학습 계획안	• 바른 생활 2-1-5 함께 사는 우리 • 슬기로운 생활 2-1-6 우리 집이 좋아요 • 즐거운 생활 2-1-5 함께 사는 우리

4) 교수 · 학습 계획(안)

수업 대상	초등 2학년	**창의·인성덕목**	배려, 타인 존중, 상상력과 표현력
수업 주제	TRIZ 원리 12번 - 높이 맞추기(equipotentiality) : 다른 사람을 위한 편안한 환경을 만들자.		
수업 목표	1. 다른 사람을 배려해야 하는 까닭을 알고 실천할 수 있다. 2. 가족 구성원 모두가 행복하게 살 수 있는 집을 구상하여 만들 수 있다.		
수업 자료	동영상 자료, 삽화 자료, 색종이, 종이상자, 가위, 풀 등		
교수·학습 단계	**교수·학습 내용**	**시량**	**준비물 /유의점**
1단계 동기부여 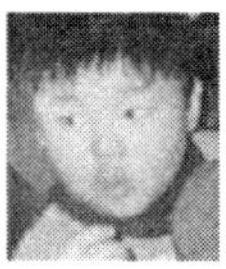	◆ 일상생활에서 다른 사람을 배려하는 모습을 동영상으로 보여주기 • 동영상을 보고 느낀 점 말하기 • 다른 사람을 배려하였던 경험 이야기 해보기 • 다른 사람을 배려해야 하는 까닭을 알기 • 배려하는 마음가짐 가지기	5분	동영상 자료
2단계 중심내용	◆ 높이 맞추기의 원리에 대해서 간단히 소개한다. ◆ 다양한 형태의 집을 삽화로 보기 (마당이 있는 집, 부엌이 넓은 집, 서재가 있는 집 등) • 삽화를 보고 떠오르는 생각 말하기 (마당이 있으면 아이들이 마음껏 뛰어놀 수 있어요./부엌이 넓으면 엄마가 식사 준비를 하실 때 편할 것 같아요./서재가 있으면 아빠가 일하시기에 좋을 것 같아요. 등) ◆ 행복한 우리 집 상상하기 • -가족 구성원 모두가 행복하게 살 수 있는 집을 상상해 보기	10분	삽화 자료 * 가족 구성원의 특징과 필요를 고려한 다양한 형태의 집을 보여준다. * 가족 구성원 모두를 배려한 집을 구상하도록 유도한다.

3단계 심리적 긴장풀기 	◆ 행복한 우리 집 소개하기 • 자신이 상상한 행복한 우리 집을 친구들에게 소개하기	5분	* 순서대로 모든 학생들이 소개해보도록 한다. * 생각을 자유롭게 표현해 보도록 유도한다.
4단계 갈라바롬까 	◆ 행복한 우리 집 만들기 • 가족 구성원 모두가 행복하게 살 수 있는 집을 만들어 보기 ◆ 행복한 우리 집 전시하기 • 자신이 완성한 집에 제목을 붙이고 전시회 하기 • 친구들의 집을 감상하고 느낀 점 이야기 해보기	15분	색종이, 종이상자, 가위, 풀 등 * 자신의 느낌을 자유롭게 표현해 보도록 유도한다.
5단계 마무리 및 평가 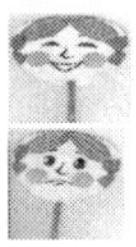	◆ 수업을 통해 알게 된 것을 이야기 해보기 ◆ 수업의 느낌을 몸으로 표현하기 ◆ 예습과제 제시	5분	* 모두 참여할 수 있도록 안내한다.

6

Chapter

중 · 고등학생을 위한 수업

본 장에서는 NFTM-TRIZ 창의 교육 시스템 내 중·고등학생을 위한 수업 안으로 중·고등학생들의 인지적, 정의적 수준을 고려한 트리즈의 원리와 다른 교과목들과의 교육 연계를 고려하여 지도할 수 있도록 구성된 수업안을 소개한다.

6-1 문학

1) 단원 명

1. 삶의 언어, 문학

(1) 고향(故鄕)

(2) 산에 언덕에

(3) 메밀꽃 필 무렵

2) 단원 개관

문학 작품에는 다양한 삶이 반영되어 있다. 철학과 역사 역시 우리의 삶을 이야기하지만, 문학은 논리나 이성으로 사실을 이야기하는 것이 아니라 감정과 직관을 중심으로 삶의 진실을 형상화한다. 따라서 문학 작품을 감상하는 것은 독자가 삶과 마주하는 또 다른 방법이라고 할 수 있다. 문학 작품을 읽으면서 독자는 인식의 폭을 넓히고, 문학 작품 속에 나타나는 삶을 통해서 다양한 정서를 체험하고, 자신의 삶을 성찰하게 된다.

이 단원에서는 시와 소설을 감상하면서 문학 작품이 그리고 있는 다양한 삶에 대해 생각해 보자. 그리고 인간의 보편적인 삶의 조건에 비추어 문학 작품을 이해하는 활동, 문학이 인간의 삶에 미치는 긍정적인 의미와 효과를 발견하는 활동, 문학 작품에 드러난 작가의 개성을 이해하는 활동을 하면서 학습목표를 성취해 보자.

3) 단원 학습 과정

(1) 고향	(2) 산에 언덕에	(3) 메밀꽃 필 무렵
시의 이해 및 감상 ↓ 문학을 통한 삶과 주위 세계의 성찰 ↓ 자신의 삶의 문학적 형상화	시의 이해 및 감상 ↓ 문학의 효용 이해 ↓ 문학 작품 읽기의 긍정적인 효과 이해	소설의 이해 및 감상 ↓ 문학을 통한 자신의 삶 성찰 ↓ 문체를 통한 작가의 개성파악

4) 본문

고향(故鄕)

백석

나는 북관(北關)에 혼자 앓아누워서
어느 아침 의원(醫員)을 뵈이었다.
의원은 여래(如來) 같은 상을 하고 관공(關公)의 수염을 드리워서
먼 옛적 어느 나라 신선(神仙) 같은데
새끼손톱 길게 돋은 손을 내어
묵묵하니 한참 맥을 짚더니
문득 물어 고향이 어데냐 한다.
평안도(平安道) 정주(定州)라는 곳이라 한즉
그러면 아무개 씨(氏) 고향이란다.
그러면 아무개 씰 아느냐 한즉
의원은 빙긋이 웃음을 띠고
막역지간(莫逆之間)이라며 수염을 쓸는다
나는 아버지로 섬기는 이라 한즉
의원은 또다시 넌지시 웃고
말없이 팔을 잡아 맥을 보는데
손길은 따스하고 부드러워
고향도 아버지도 아버지의 친구도 다 있었다.

5) 교수 · 학습 계획(안)

수업 대상	11학년	**창의·인성 덕목**	자기평가, 상상력과 표현력
단원	2. 삶의 언어, 문학(비상교육) : 고향(故鄕)-백석		
수업 주제	시를 통하여 자신의 삶과 세계를 이해한다.		
수업 목표	시를 맛보고, 일부 내용을 바꿔서 자신의 경험에 대한 시를 적을 수 있다.		
수업 자료	교과서, 학습지, 그림판.		

교수·학습 단계	**교수·학습 내용**	**시량**	**준비물/ 유의점**
1단계 동기부여 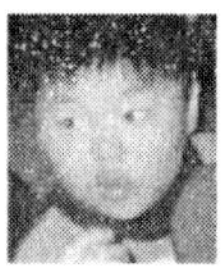	◆ 케빈 베이컨의 6단계의 법칙을 이야기 해 준다(Small World 이론). 6다리만 건너면 세상의 모든 사람과 알고 있는 관계가 된다는 이론 ◆ 옆의 친구와 자신이 몇 다리 건너서 관계가 있는지 생각을 해보게 한다. 친구의 친구에 대해서 이야기해 보도록 하고 그 속에서 서로가 공통적으로 알고 있는 친구에 대해서 이야기 해본다.	10분	Small world에 대한 그림판을 준비한다.
2단계 중심내용 	◆ 시의 내용을 설명해준다. ◆ 시를 지은 작가 백석의 삶에 대해서 이야기해준다. ◆ 시를 통해서 상상되는 장면에 대해서 이야기를 해보도록 한다.	15분	되도록 딱딱한 설명 형식보다는 재미있는 이야기 형식으로 진행한다.

<table>
<tr>
<td>3단계
심리적 긴장풀기
</td>
<td>◆ 옆에 있는 친구의 모습에 대해서 비유를 사용하여 표현 해본다.
"내 친구의 얼굴은 어떠어떠 해서 마치 무엇과 같다."라는 방식으로 표현해본다.
◆ 재미있다고 생각되는 표현은 발표해보도록 한다.</td>
<td>5분</td>
<td>그렇게 표현한 이유에 대해서 이야기 해본다.</td>
</tr>
<tr>
<td>4단계
갈라바롬까
</td>
<td>◆ 시의 큰 구조는 유지하면서 일부분 바꿔서 자신의 경험에 관련된 시를 지어본다.
예컨대, 북관을 자신과 친구가 만난 곳, 의원의 모습은 친구의 모습으로 바꿔서 모방시를 지어 본다.
◆ 자신이 지은 시를 발표해보게 한다.
◆ 학생들끼리 서로 잘 지었다고 생각되는 시에 대해서 평가해보게 한다.</td>
<td>15분</td>
<td>시의 평가는 성적에 반영하는 것이 아니라 학생들 스스로 훌륭한 평가를 찾는데 이용한다.</td>
</tr>
<tr>
<td>5단계
마무리 및 평가
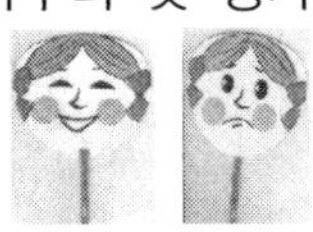</td>
<td>◆ 앞의 활동을 통해서 시가 어떻게 세계를 자아화 하는지에 대해서 설명을 해준다.
◆ 다음 차시를 예고하고 수업을 끝낸다.</td>
<td>5분</td>
<td>이때, 세계의 자아화가 무엇인지 쉽게 이야기해 준다.</td>
</tr>
</table>

6-2 도덕

1) 단원 명 : 이웃과 나

2) 단원 지도 계획

<table>
<tr><th>소단원</th><th>제재</th><th>지도내용</th><th>차시</th></tr>
<tr><td colspan="2">단원 미리 보기</td><td>⊙ 다양한 이웃들과 나의 관계
⊙ 다른 사람을 배려하기
⊙ 봉사하며 살아가기</td><td rowspan="2">1/6</td></tr>
<tr><td>①
다양한
이웃들과의
관계</td><td>다양한 이웃들과 나는 어떤 관계일까?</td><td>⊙ 다양한 이웃의 등장
⊙ 바람직한 이웃 관계의 모습</td></tr>
<tr><td rowspan="2">②
다른 사람을
배려하기</td><td>다른 사람을 어떻게 배려해야 할까?</td><td>⊙ 배려하는 삶
⊙ 일상생활 속에서 나타나는 배려의 삶</td><td>2/6</td></tr>
<tr><td>다른 사람을 배려하지 않으면 어떻게 될까?</td><td>⊙ 공동 주택 생활과 배려의 삶
⊙ 공공장소 이용과 배려</td><td>3/6</td></tr>
<tr><td rowspan="2">③
봉사하며
살아가기</td><td>봉사 활동은 무엇이고 왜 필요할까?</td><td>⊙ 봉사 활동의 특성
⊙ 봉사 활동의 필요성</td><td>4/6</td></tr>
<tr><td>봉사 활동은 어떻게 해야 할까?</td><td>⊙ 봉사 활동을 하는 바람직한 태도
⊙ 봉사 활동의 절차</td><td rowspan="2">5,6/6</td></tr>
<tr><td colspan="2">단원 마무리</td><td>⊙ 내용 확인 학습
⊙ 실전 체험 학습-이웃 사랑 왕 찾아보기</td></tr>
</table>

3) 단원 목표

바람직한 이웃 관계의 모습을 알아보고, 이들과 더불어 살아가기 위해 필요한 배려의 자세를 익힌다. 그리고 이웃을 위해 봉사하는 다양한 방법을 찾아본다.

4)교수 · 학습 계획(안) 1

수업대상	중학교 1학년	창의·인성 덕목	배려, 타인존중, 표현력
단원	이웃과 나 (2) 다른 사람을 배려하기		
수업주제	배려하는 삶의 태도를 가지도록 하자.		
수업목표	일상생활 속의 구체적 상황에서 다른 사람을 배려하는 행동을 할 수 있다.		
수업자료	영상자료, 수필집, 교과서, 신문지		
교수 · 학습단계	교수 · 학습내용	시량	준비물/유의점
1단계 동기부여 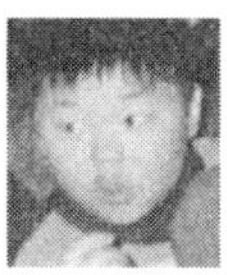	◆ 지식채널e - '작은 힘 2부 우리' 시청하기 ◆ 영상을 보고 기억에 남는 장면이 무엇인지 이야기하기	5분	'지식채널e - 작은 힘 2부 우리' 영상자료

2단계 중심내용 	◆ 배려란 의미에 대해 설명한다. ◆ 다른 사람을 배려했던 각종 이야기를 교과서와 수필집을 참고해서 들려준다. ◆ 배려를 함으로써 어떤 결과가 나오는지 설명한다.	15분	교과서와 수필집 외에 교수자 자신의 이야기도 덧붙여서 들려준다.
3단계 심리적 긴장풀기 	◆ 게임 또는 유희활동 (신문지를 이용한 게임하기) 분단별로 모여서 라운드마다 신문지를 한번씩 접어서 신문지 위에서 1분간 버티기	5분	신문지 게임도중 다치지 않도록 주의
4단계 갈라바롬까 	◆ 배려가 없다면 어떻게 되는지 교실에서 적용하기 짝지의 책상공간을 자신의 물건으로 좁게 만들어보고 이에 대한 생각 말하기 - 키 큰 순서부터 앞자리를 앉아보고 교실 뒤편의 학생들이 선생님이 얼마나 잘 보이는지 말하기 ◆ 다른 사람을 배려했던 경험 중 기억에 남는 것을 발표해보도록 한다.	15분	경험을 발표할 때 학생들 골고루 발표 할 수 있도록 한다.
5단계 마무리 및 평가  	◆ 배려의 장점에 대해 강조하고, 다음 차시 때 수업 이후 배려한 경험을 발표하도록 예고를 한다.	5분	

5) 교수 · 학습 계획(안) 2

수업 대상	중·고등학생	**창의·인성 덕목**	배려, 타인존중, 표현력
수업 주제	TRIZ 원리 12번 - 눈높이 맞추기(equipotentiality) : 상대방에게 쉽도록 환경을 바꾸자.		
수업 목표	1. '상대방의 눈높이에 맞추기'를 이용함으로써 유익한 것들을 찾을 수 있다. 2. 타인에 대한 배려의 태도를 가질 수 있다.		
수업 자료	동영상 및 사진 자료, 필기도구 등		
교수·학습 단계	**교수·학습 내용**	**시량**	**준비물/유의점**
1단계 동기부여 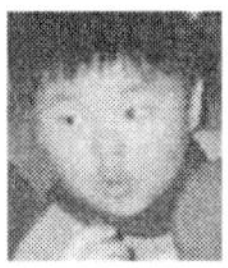	◆ '눈높이 맞추기'의 원리가 적용된 생활 주변의 예들을 찾아 동영상 또는 사진으로 보여준다. 서서 공부할 수 있는 책상, 엘리베이터 내 거울, 노약자석	5분	동영상 또는 사진 자료
2단계 중심내용	◆ '눈높이 맞추기'의 원리에 대하여 간단히 설명한다. 상대방의 처지에 맞추어서 주변 작업 조건을 변화시켜주는 것 상대방의 마음을 이해하고 필요를 파악하여 그에 맞게 서비스하는 것 상대방을 이해하기 위해 관심을 갖고 접근해가는 것 ◆ 일상생활 속에 나타나는 배려의 모습들을 사례를 통해 소개한다.	10분	

3단계 심리적 긴장풀기 	◆ 친구의 얼굴을 서로 돌아가며 순서 (머리-눈-코-귀-입)대로 하나씩 그려보는 활동하기 (친구의 초상화 만들어 보기)	5분	미술준비물
4단계 갈라바롬까 	◆ 다양한 역할 놀이를 해보고 느낀 점 표현하기 할아버지, 할머니 되어보기, 장애인 되어보기 선생님 되어보기, 상대방 친구 되어보기 ◆ 일상생활에서 실천할 수 있는 배려의 구체적 모습을 그려보고 발표하도록 한다.	25분	역할 놀이 준비물 필기도구
5단계 마무리 및 평가 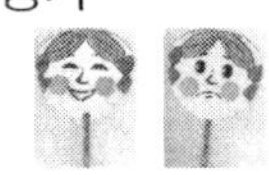	◆ 수업을 통해 알게 된 것을 서로 이야기 나누며 정보 공유하기. ◆ 수업의 느낌을 글로 표현하기	5분	모두 참여할 수 있도록 안내한다. 필기도구

6-3 수학

단원명 : 이차함수

1) 단원의 개관

가. 단원의 지도 목표

1. 이차함수와 그래프

① 이차함수의 의미를 이해하게 한다.

② 이차함수 $y=ax^2$ 의 그래프를 그리고, 그 성질을 이해하게 한다.

③ 이차함수 $y=ax^2+q$의 그래프를 그리고, 그 성질을 이해하게 한다.

④ 이차함수 $y=a(x-p)^2$의 그래프를 그리고, 그 성질을 이해하게 한다.

⑤ 이차함수$y=a(x-p)^2+q$의 그래프를 그리고, 그 성질을 이해하게 한다.

2. 이차함수 $y=ax^2+bx+c$의 그래프

① $y=ax^2+bx+c$를 $y=a(x-p)^2+q$의 꼴로 고쳐 그래프를 그릴 수 있게 한다.

② 이차함수의 최댓값과 최솟값을 구할 수 있게 한다.

나. 단원의 지도 계통

배운 내용	이 단원의 내용	배울 내용
[초등학교 6학년] 비례식, 연비와 비례 배분 정비례와 반비례 **[중학교 1학년]** 함수와 그래프 **[중학교 2학년]** 일차함수와 그래프	1. 이차함수와 그래프 1) 이차함수의 뜻 2) 이차함수의 그래프 2. 이차함수 $y=ax^2+bx+c$의 그래프 1) 이차함수 $y=ax^2+bx^2+c$의 그래프 2) 이차함수의 최댓값과 최솟값	**[고등학교 1학년]** 함수의 그래프 합성함수와 역함수 이차함수의 활용 유리함수와 무리함수 삼각함수 **[고등학교 2학년]** 지수·로그 함수

다. 단원의 성격과 내용 개요

1. 이차함수와 그래프

수학에서는 변화하는 두 양 사이의 관계를 파악하여 식으로 나타내고 그 식을 통해서 다양한 현상들을 예측할 수 있도록 해 주는 것이 함수이다. 중학교 1,2 학년에서는 그래프가 직선인 일차함수를 공부했는데 중학교 3학년에서는 더 나아가 그래프가 포물선 모양인 이차함수를 공부한다. 따라서 두 변수의 변화하는 형태는 더 복잡해진다.

이차함수의 의미를 이해하게 하기 위해 y가 x에 관한 이차식 $y=ax^2+bx+c(a\neq0,\ a,b,c$는 실수)로 나타내어지는 함수가 이차함수임을 알게 한다. 구체적으로 x, y값의 변화를 나타낸 표를 이용하여 이차함수 $y=x^2$의 그래프를 그려봄으로써 $y=x^2$ 그래프의 성질을 이해하게 한다.

즉 $y=x^2$의 그래프는 원점을 꼭짓점으로 하고 y축을 축으로 하는 포물선임을 알게 한다. 또 변화표 등을 이용하여 이차함수 $y=x^2$ 과 $y=-x^2$의 그래프를 함께 그려봄으로써 $y=-x^2$의 그래프가 $y=x^2$의 그래프와 x축에 대하여 대칭임을 이해하게 한다.

이차함수 $y=x^2$, $y=-2x^2$, $y=2x^2$, $y=-2x^2$, $y=\frac{1}{2}x^2$, $y=-\frac{1}{2}x^2$ 그래프를 그려보게 함으로써 이차함수 $y=x^2$ 그래프의 성질을 귀납적으로 이해하게 한다. 즉 a 값의 부호에 따른 그래프의 모양과 $|a|$의 값에 따른 그래프의 모양을 알게 한다. $y=ax^2$의 그래프가 모든 이차함수 그래프의 기본이므로 그 내용을 확실히 인식하도록 한다.

변화표를 이용하여 $y=ax^2$과 $y=ax^2+q$, $y=ax^2$과 $y=a(x-p)^2$, $y=ax^2$과 $y=a(x-p)^2$, $y=a(x-p)^2+q$의 그래프를 각각 함께 그려봄으로써 $y=ax^2$의 그래프를 y축 방향으로 q만큼 평행이동하면 $y=ax^2+q$의 그래프를, x축의 방향으로 p 만큼, y축의 방향으로 q만큼 평행이동하면 $y=a(x-p)^2+q$의 그래프를 각각 얻게 됨을 이해하게 한다.

2. 이차함수 $y=ax^2+bx+c$의 그래프

이차함수 $y=ax^2+bx+c$를 $y=a(x-p)^2+q$의 꼴로 고쳐 이 그래프의 꼭짓점의 좌표와 x절편, y절편을 구할 수 있게 하며 이차함수의 그래프의 개형을 그릴 수 있게 한다.

함수의 정의역의 모든 원소에 대한 함숫값 중에서 가장 큰 값을 최댓값, 가장 작은 값을 최솟값이라 함을 알게 하고 이차함수는 꼭짓점에서 최댓값이나 최솟값을 가진다는 것을 그래프를 그려 이해하게 한다.

즉, 이차함수 $y=ax^2+bx+c$를 $y=a(x-p)^2+q$의 꼴로 고쳐 a〉0일 때에는 x=p일 때 최솟값 q를, a〈0일 때 에는 $x=p$일 때 최댓값 q를 가지게 됨을 알게 한다. 이차함수에서 최댓값, 최솟값은 정의역을 제한하지 않고 실수 전체인 경우만 다룬다.

2) 단원의 지도계획

단원	차시	지도내용	용어와 기호
1. 이차함수와 그래프	❶	◆ 중단원 도입-(교)탐구활동, 탐구과제 (익)준비학습	
1) 이차함수의 뜻	❶,❷,❸	◆ 이차함수의 뜻	이차함수 포물선, 축, 꼭짓점
2) 이차함수의 그래프	❹, ❺ ❻ ❼ ❽, ❾	◆ 이차함수 $y=ax^2$ 그래프의 모양 ◆ 이차함수$y=ax^2+q$ 그래프의 모양 ◆ 이차함수 $y=a(x-p)^2$ 그래프의 모양 ◆ 이차함수 $y=a(x-p)^2+q$ 그래프의 모양	
읽기자료	❾	◆ (교) 숨어있는 이차함수를 찾자	
연습문제	❿	◆ 중단원 학습내용에 대한 평가와 문제 해결 능력 신장	
2.이차함수 $y=ax^2+bx+c$ 의 그래프	⓫	◆ 중단원 도입-(교) 탐구활동, 탐구과제 (익) 준비학습	
1) 이차함수 y=ax2+bx+c의 그래프	⓫,⓬,⓭	◆ 이차함수$y=ax^2+bx+c$ 그래프의 모양	
2) 이차함수의 최댓값과 최솟값	⓮, ⓯	◆ 이차함수$y=ax^2+bx+c$의 최댓값과 최솟값	최댓값, 최솟값
읽기자료	⓯	◆ (교)컴퓨터로 함수의 그래프 그리기	
연습문제	⓰	◆ 중단원 학습 내용에 대한 평가와 문제 해결 능력 신장	
대단원 정리	⓰	◆ 마인드 맵을 보면서 내용정리	

3) 교수 · 학습(안)

수업 대상	중 3학년	창의·인성 덕목	자기평가, 관찰력, 문제해결력
수업 단원	대단원 : 이차함수와 그래프 소단원 : 이차함수의 그래프		
수업 목표	1. 이차함수의 평행이동의 개념을 알 수 있다. 2. 이차함수 그래프의 형태를 알고 그릴 수 있다. 3. 문제해결을 위해 트리즈 원리를 활용할 수 있다.		
수업 자료	사진, 동영상, 프린트, 공, 팽이, 돋보기, 모형화살		
교수·학습 단계	**교수·학습 내용**	**시량**	**준비물 /유의점**
1단계 동기부여 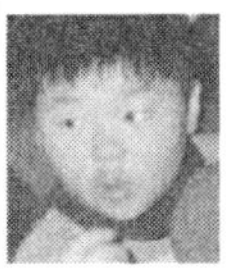	◆ 생활속에서 이차함수의 그래프 형태관찰 • 우리나라 현수교 형태의 다리를 사진으로 제시한다. • 파라볼라 안테나의 초점에 전파가 모이게 되는 모습을 영상으로 제시한다. • 태양력 발전의 그림을 제시하고, 역시 파라볼라 안테나의 원리와 동일함을 알려준다.	5분	시청각 자료(사진, 동영상)
2단계 중심내용-1 	◆ 이차함수 그래프의 형태와 그리는 방법 소개 • $y=ax^2$의 기본적인 형태로부터 평행이동을 이용하여 나머지 형태의 그래프 그리는 방법을 소개한다. 각 형태의 그래프 특징을 설명한다.	20분	판서
3단계 심리적 긴장풀기 	◆ 이차함수 원리가 숨어있는 신체적 활동하기 • 친구와 가벼운 공을 던져 주고 받아본다. • 팽이를 돌려보기(원심력, 구심력) • 돋보기로 물건 관찰해 본다. • 모형 화살을 쏘아본다.	5분	모두 참여할 수 있도록 안내한다.

4단계 갈라바롬까 	◆ 인생의 희로애락을 곡선으로 나타내기 • 자신이 지금까지 살아오면서 즐거웠던 순간과 슬펐던 순간, 감정의 희로애락을 곡선의 형태로 그려본다. • x축을 나이, y축 양의 부분을 긍정적 감정을, y축 음의부분을 부정적 감정으로 나타냄을 알려준다.	10분	트리즈 원리 14번 (형태를 구형이나 곡선으로 바꾸기) 활용하기
5단계 지적활동 	*축구 선수가 찬 공의 최고 높이를 구해 본다. 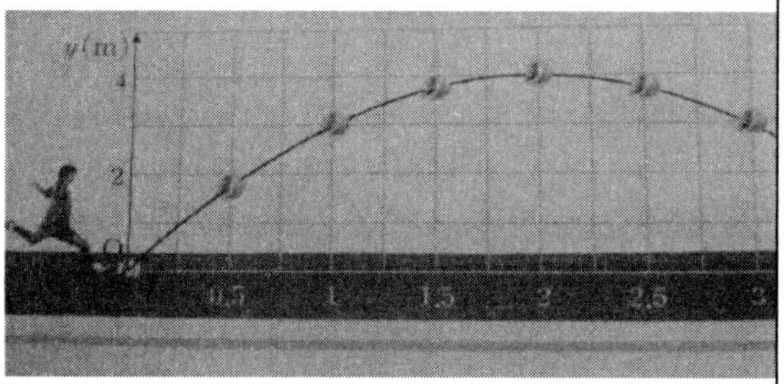	5분	사물의 규칙을 발견하는 문제제시하기
6단계 중심내용-2 	◆ 앞 단계들에서 제시된 문제해결을 위해 트리즈 원리들을 소개한다. ◆ 트리즈 원리를 적용하여 5단계에 제시된 문제 해결을 한다.	15분	
7단계 컴퓨터를 이용한 두뇌계발 	◆ GSP와 같은 그래프 그리기 프로그램을 활용하여 이차함수 그래프를 비롯한 다양한 형태의 포물선 그리기를 시도해볼 수 있다.	10분	
8단계 마무리 및 평가 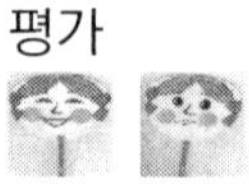	◆ 수업의 느낀 점을 말해보기 ◆ 생활 속에서 포물선 형태를 나타낼 수 있는 다른 예를 찾아 볼 수 있도록 과제로 제시하기	5분	

부 록

부록 1. 트리즈에 대하여
부록 2. 트리즈의 40가지 발명 원리
부록 3. 다양한 창의적 사고 기법
부록 4. 용어설명

1

Supplement

트리즈에 대하여

TRIZ는 러시아 학자 겐리허 알트슐러(Genrich Altshuler, 1926~1998)에 의해 1946년 이래 연구된 이론이다. 알트슐러는 자신의 연구를 총칭하여 "창의적 문제를 해결하는 방법론(Troriya Reshnija Izobretatelskikh Zadatch)"이라 하였고, 러시아의 원명의 각 단어 첫 자를 따서 TRIZ라 부르게 되었다. 이것은 '주어진 문제의 가장 이상적인 결과를 얻어내는데 관건이 되는 모순을 찾아내고, 이를 극복함으로써 혁신적인 해결안을 얻을 수 있는 방법론'을 의미한다.

TRIZ의 발전 역사를 간단히 살펴 보면, TRIZ는 알트슐러에 의해 1946년 이후 '발명이 어떻게 이루어지는 것일까' 에 대한 호기심에서 출발하여, 전세계 수많은 발명특허를 분석하고 공통적인 발명의 원리 및 경향을 연구하여 정립한 것이다. 즉 이러한 원리 및 경향을 미리 안다면 얼마든지 일반 사람들도 훌륭한 발명을 할 수 있다고 알트슐러는 믿었다.

알트슐러는 전세계 수많은 특허를 분석해 보니 모순의 극복이라는 공통적인 현상을 발견하였다. 그리하여 모순의 해결과 창조적 발명의 기초가 되는 보편적인 발명원리를 정립할 수 있었다. 기술적 모순의 해결을 위한 40가지 발명의 원리와 물리적 모순의 해결을 위한 분리의 법칙이 그 때 정립이 되었다 .

기술의 발전과 성공적인 문제해결사례로부터 방법론을 추출하여 정립한 과학적이고 창의적인 문제해결 이론
TRIZ는 발명이라는 항해의 지도며 나침반이다.

G. Altshuller (1926-1998)

기술적인 문제해결을 위해서는 보다 광범위한 분야의 과학효과를 이용해 보는 것이 효과적일 것이다. 이것이 효과(**Effects**) 기법의 탄생하게 된 계기가 되었다.

이후 물질간 상호작용의 개선을 통한 문제 해결기법으로서 써필드(**su-field**)모델이 도입되었고, 일반화되고 기호화된 발명문제를 해결하기 위한 표준화된 **Guide** 솔루션으로서의 76가지 표준해를 발표하였다. 발명을 위한 보다 혁신적이고 체계적인 사고 프로세스에 대한 알트슐러의 고민은 결국 **ARIZ**(아리즈)의 탄생으로 이어졌다. **ARIZ**는 알트슐러가 1956년 처음 도입한 이래 계속해서 개정을 하였다. 즉 **ARIZ**는 **TRIZ**의 대부분의 기법들을 동원하여 문제 해결의 창조적 프로세스를 정립하고자 한 노력의 산물이며, **ARIZ** 85C는 1985년 알트슐러가 마지막으로 개정한 버젼이고 현재 가장 많이 활용하고 있다.

TRIZ의 사고 기법을 이해하기 위해서는 그것의 구성요소에 대한 이해가 필요하다. 그래서 Randtanen & Domb가 제시한 TRIZ의 구성요소를 참고하고자 한다. 이들에 의하면 TRIZ의 기본 사고 과정은 모순, 자원, 이상적 최종 결과, 진화 유형, 40가지 발명원리, ARIZ 등의 구성요소를 통해서 일어난다.

TRIZ에서 가장 기본이 되는 모순에 대해 살펴보면, 알트슐러는 TRIZ를 연구하면서 발명문제는 적어도 하나 이상의 모순을 포함하고 있으며, 문제를 해결 한다는 것은 문제 속에 내포된 모순을 제거한다는 것을 의미한다라는 것을 발견하였다. 모순은 시스템 내에서 발생하는 갈등의 형태로 나타나는 것을 의미한다. 여기서 시스템이라 함은 상호 작용에 의해 서로 관련을 맺고 있는 것들의 조직체를 의미한다. 이때 어떤 작용의 주체가 되는 것을 도구라 하고, 작용이 가해지게 되는 객체를 대상이라 부른다. 그러나 이러한 작용에는 좋은 특성만 있는 것이 아니라 우리가 원하지 않은 해로운 효과들이 나타날 수 있다. 모순이란 이처럼 도구가 대상물에 어떤 작용을 가하는 상황에서 유용한 작용과 유해한 작용을 동시에 발생하는 갈등 상황에 처해 있는 것을 의미한다.

TRIZ에서 모순(Contradiction)은 크게 기술적 모순과 물리적 모순 2가지로 구분한다. 기술적 모순은 시스템의 한 속성을 개선하고자 할 때, 그 시스템의 다른 속성이 악화되는 상태를 의미한다. 물리적 모순은 시스템의 한 속성의 값이 높아야 하지만 동시에 낮기도 해야 하는 상태, 또는 어떤 경우에는 속성이 있어야 하지만 어떤 경우에는 없어야 하는 상태 등을 의미한다. 모순은 시스템 내에 있는 갈등이다.

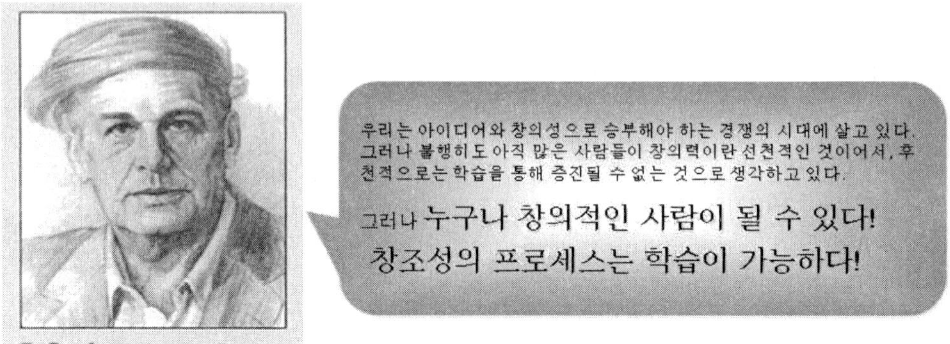

Г.С. Альтшуллер

기술적 모순은 시스템 내 요소의 한 가지 특성인 A를 개선하면, 이에 따라 다른 B특성이 나빠지는 상황을 나타낸다. 즉 어떤 좋은 일이 발생하면 동시에 나쁜 일도 발생하는 상황을 의미한다. 전형적인 trade-off 상황으로써 이것을 절충모순이라고도 부른다. 여기서 주의해야 될 것은 기술적 모순이라고 해서 반드시 기술적인 특성을 의미하는 것은 아니라는 점이다. 일반적인 문제, 즉 조직, 경영, 정치, 사회 등 다양한 문제에서 어느 한 특성(A)을 개선하고자 할 때 그 시스템의 다른 특성(B)이 악화되는 상황, 즉 두 특성 사이에 모순이 발생하는 상황을 기술적 모순이라 할 수 있다. 즉 TRIZ가 반드시 공학적인 문제만을 해결하는 기법은 아니라는 점이다.

알트슐러는 모든 발명 문제 즉 모순을 포함하고 있는 문제의 이면에는 이 모순을 해결할 수 있는 발명 원리들이 있다는 것을 발견하였고, 특허 분석을 통해 기술적 모순을 해결할 수 있는 발명원리를 정립하였다. 알트슐러가 연구하던 당시에는 약 300개의 발명원리가 있었다고 한다. 그것을 유사한 것 들을 서로 모으고, 재정리하여 최종적으로 40개로 만든 것이다. 여기서 나온 40가지 발명 원리가 기술적 모순을 해결하는데 활용된다.

물리적 모순이 기술적인 모순과 다른 점은 기술적 모순은 두 가지 파리미터 사이의 모순이 발생하는 상황이지만, 물리적 모순은 동일한 하나의 파라미터가 서로 양립할 수 없는 상황에 처한 것을 말한다. 물리적 모순을 정의할 때는 A특성과 B특성에 영향을 동시에 줄 수 있는 어느 한 요소의 특성 C를 찾아야 한다. 물리적인 모순은 어느 한 요소의 특성이 상호 배타적인 관계에 놓인 상황이라 할 수 있다. 즉 어떤 한 요소가 〈+〉인 특성과 〈-〉인 특성을 동시에 만족해야 하는 상황인 것이다.

〈+〉〈-〉 특성은 기하학적인 특성, 물성 및 에너지에 관한 특성, 기능적인 특성 그리고 존재 유무 자체의 배타적인 특성을 나타낸다. 물리적 모순 해결하기 위해서 분리의 원리가 활용되는 데, 여기에는 시간의 분리, 공간의 분리, 조건의 분리, 부분과 전체 분리 등이 있다.

자원(Resources)은 문제 환경의 내부 또는 주변에 이미 존재하고 있는 사물, 정보, 에너지 또는 물질의 특성들이다. 자원이 즉시 사용될 수 있거나 변형하여 유용하게 만들 수 있다면, 문제는 스스로 해결된 것으로 나타날 것이다. 자원은 문제를 해결하기 위해 사용 가능한 모든 것이 될 수 있다. TRIZ에서 자원이 가지는 의미는 바로 문제의 핵심이 되는 모순을 해결하는 방법을 찾아내는데 자원을 적극 활용해야 한다는 것이다. 또한 자원을 통해 도출된 이상적 최종결과는 거기서 끝나지 않고 항상 새로운 모순에 직면하게 되고, 그것을 해결하기 위해 또다시 자원 분석의 과정을 다시 밟게 되는 순환 싸이클의 형태를 구성하게 된다. 이러한 과정을 반복하면서 해결책이 더욱 발전하는 것이다.

TRIZ에서는 이상시스템을 우리가 최종적으로 도달해야 할 목표로서, 이상적 최종결과(Ideal final result) 즉 IFR이라 라고 부른다. TRIZ를 통해 문제를 해결하는데 있어서는 모순들과 타협하거나 절충하는 것이 아니라 모순의 근원적 해결을 통해 두 가지 특성을 모두 만족하는 이상적 최종결과를 추구한다. 이를 위해서는 기존 사고의 틀을 깨는 혁신적인 사고가 필수적이다. TRIZ가 다른 기법과 달리 방향성이 있다는 것은 바로 어떤 문제 해결에 있어서 아무런 방향성 없이 문제해결을 진행하는 것이 아니라 모순의 근원적 해결을 통한 IFR 달성을 목표로 설정하고 진행한다는 것을 의미한다. 여기에서 이상적 최종 결과 즉 IFR이란, 요구되는 기능이 추가적인 노력이나 유해한 영향 없이 스스로 수행되는 가장 바람직한 상황을 의미한다.

진화 유형은 모순을 해결함에 있어서 해결책의 이상성을 향상시키기 위한 전략으로 사용되는 것이다. 진화에는 시스템 완전성, 시스템 불균일성, 에너지 전도성, 상위시스템으로의 이동, 리듬 조화성, 마이크로 수준으로의 이동, 이상성 증가, 조종성 증가 등으로 분류된다. 이러한 진화 유형을 통하여 문제해결의 복잡한 과정을 순차적인 방법으로 따라갈 수 있는 체계적이고 순차적인 문제해결 과정으로 바꾸어 준다.

40가지 발명원리는 TRIZ 기법의 창시자 알트슐러가 기술적 모순을 해결할 수 있는 주요 기법으로 제시한 것이다. 이 40가지 발명원리는 기존의 특허를 분석하여 특허 물품에 적용된 주요 기법들을 정리한 것이어서 그 근거 또한 실증적이라고 할 수 있다(자세한 상항은 부록 2 참조).

ARIZ(Algorithm of Inventive Problem Solving)은 TRIZ 기법에서 제시한 일반적인 문제해결 프로세스이다. TRIZ에는 40가지 발명원리, 모순, 표준해결책, 물질장 등의 다양한 툴들이 존재하는데 이러한 툴들을 프로세스한 것이 ARIZ이다.

TRIZ는 주어진 문제에 대한 가장 이상적인 결과를 정의하고 그 결과를 얻는 데 관건이 되는 모순이 무엇인지를 찾아내어 이를 극복함으로써 그 누구도 생각하지 못한 창의적이고 혁신적인 해결 방안을 얻는 것이다. 이를 테면, '가벼우면서도 튼튼한 것', '디자인이 우수하면서도 가격이 저렴한 것', '크고 무거우면서도 연비는 적게 드는 것' 등이다.

TRIZ의 장점은 과거에 나온 최고의 아이디어들의 패턴을 세부적으로 분석해 이를 데이터베이스화시켜 놓음으로써 객관적 해결방안을 찾을 수 있다는 점이다.

2

Supplement

트리즈의 40가지 발명원리

1) 분할(Segmentation)

- 나누고 쪼갠다.

A. 한 물체를 독립적인 여러 부분으로 나눈다.

B. 물체를 구획화한다(분해, 조립이 쉽도록).

C. 물체의 분할 정도를 더욱 높인다.

- 예> 짬짜면, 조각과일

2) 추출(빼내기, 회수, 제거)(Extracting, Retrieving, Removing)

- 중요한 것만 남겨두거나 필요 없는 것을 제거하자

A. 물체에서 "방해가 되는" 부분이나 특성을 추출한다.

B. 물체에서 "필요한" 부분이나 특성만을 추출한다.

- 예〉 픽토그램, 스포츠 하이라이트

3) 국소적 성질(Local Quality)

- 전체 중 부분만 바꾸자. 대상의 특성(크기, 속도, 색깔 등)을 바꾼다.

A. 물체나 외부 환경(작용)의 구조를 동질적인 것에서 이질적인 것으로 바꾼다.

B. 물체의 여러 부분들이 서로 다른 기능을 수행하게 한다.

C. 물체의 각 부분을 작용 상 가장 유리한 조건이 되도록 배치한다.

- ◆ 예〉 온도 변화에 따라 색깔이 바뀌는 맥주병 라벨

4) 비대칭(Asymmetry)

- 짝짝이로 만들자

A. 대칭형을 비대칭형으로 바꾼다.

B. 물체가 이미 비대칭이라면, 그 비대칭의 정도를 더욱 높인다.

- ◆ 예〉 비대칭 타이어

5) 통합(Consolidation)

- 별개의 것을 합치자

A. 동질적인 물체들 또는 연속적으로 작동하도록 되어 있는 물체를 공간적으로 통합한다.

B. 동질적이거나 연속적인 동작을 시간적으로 통합한다.

- ◆ 예〉 북카페, 모듬, 세트

6) 범용도/다용도(Universality)

- 하나를 다양하게 사용할 수 있게 만들자

A. 한 가지 물체로 여러 가지 다른 기능을 수행하게 한다. 그러면 나머지 다른 요소들을 제거할 수 있다.

- 예〉 스위스 만능 칼

7) 포개기(Nesting)

- 이미 확보된 공간에 포개자

A. 한 물체를 다른 물체 속에 넣는다. 그 물체를 또 다른 물체 속에 넣는다.

B. 한 물체가 다른 물체의 구멍을 통과한다.

- 예〉 마트로쉬카(러시아 인형), 쇼핑카트

8) 평형추(Counterweight)

- 다른 것과 비교해서 부족하다면 그것을 따라잡게 만들자

A. 물체의 무게를 상쇄하기 위하여 물체를 양력(들어올리는 힘)을 다른 물체와 결합한다.

B. 물체의 무게를 상쇄하기 위해, 외부 환경의 영향을 받는 공기역학적/유체역학적인 힘을 이용한다.

- 예〉 주꾸미와 계란찜, 끼워팔기

9) 선행(사전)반대조치(Prior Counteraction)

- 미리 반대로 하자

A. 너무 크거나 바람직하지 않은 응력을 상쇄하기 위해 물체에 미리 응력을 가한다.

◆ 예〉 예방접종(균을 사전에 투입하여 균을 막는다), 주사 놓기 전에 엉덩이를 탁탁 때리는 것.

10) 선행(사전준비)조치(Prior Action)

- 미리 준비하자

A. 물체에 필요한 변화를 미리(완전히 또는 부분적으로) 가한다.

B. 가장 편리한 위치에서 즉시 작동할 수 있도록 물체의 위치를 미리 잡아둔다.

◆ 예〉 주름이 들어 간 청바지, 우표 절취선

11) 사전 예방(Cushion in Advance)

- 보험처럼 미리 예방하자

A. 어떤 물체의 신뢰성이 그다지 높지 않은 경우, 미리 준비된 비상수단을 써서 보완한다.

◆ 예〉 임상 실험, 데이터 백업

12) 높이 맞추기(Equipotentiality)

- 상대방에게 쉽도록 환경을 바꾸자

A. 물체를 들어 올리거나 내릴 필요가 없도록 작업 조건을 바꾼다.

- 예〉 캣츠 무대소품, 맞춤식

13) 반대로 하기(Do It in Reverse)

- 다른 사람들과는 반대로 하자

A. 문제가 요구하는 직접적 조치 대신에 반대 조치를 취한다.(예를 들어, 가열 대신 냉각하기)

B. 물체나 외부 환경에서 움직이는 부분을 고정시키고 고정된 부분을 움직이게 한다.

C. 물체의 위아래를 뒤집는다.

- 예〉 뚜껑에 열선이 설치된 전기 프라이팬, 배면뛰기

14) 구형화/곡선화(Spheroidality)

- 형태를 구형이나 곡선으로 바꾸자

A. 직선을 곡선으로, 평면을 곡면으로, 입방체를 구체로 바꾼다.

B. 롤러, 볼, 나선형을 이용한다.

C. 직선운동을 회전 운동으로 바꾼다. 원심력을 활용한다.

- 예〉 핑킹가위

15) 역동성(Dynamicity)

- 움직이게 하자

A. 물체나 외부환경의 특성을 변화시켜 작동 단계마다 최고의 성능을 내게 한다.

B. 움직일 수 없는 물체를 움직일 수 있도록 만든다. 물체를 서로 교환할 수 있게 만든다.

C. 물체의 상대적 위치를 서로 바꿀 수 있도록 물체를 부분으로 분할한다.

- 예〉 엘모인형, 살아있는 미술관

16) 과부족 조치(Partial or Excessive Action)

- 더 많거나 더 적게 하자

A. 원하는 효과를 100% 달성하는 것이 어렵다면, 그보다 많게 또는 적게 달성한다.

- 예〉 프리젠테이션 리허설

17) 차원바꾸기(Transition Into a New Dimension)

- 공간에 변화를 주자

A. 물체의 1차원 이동 및 배치를 2차원으로 바꾼다. 2차원을 3차원으로 바꾼다.

B. 물체의 다층 구조를 활용한다.

C. 물체를 기울이거나 옆으로 눕힌다.

D. 표면의 반대쪽을 활용한다.

E. 광선을 물체의 주변 영역 또는 반대쪽으로 투시한다.

- 예〉 천장형 에어컨, 수직농경, 팝업북

18) 기계적 진동(Mechanical Vibration)

- 진동을 이용하자

A. 진동을 이용한다.

B. 이미 진동이 있다면 그 진동수를 초음파까지 증가시킨다.

C. 공명 주파수를 이용한다.

D. 기계적 진동을 압전(Piezo) 진동으로 바꾼다.

E. 초음파 진동을 전자기장과 연계하여 이용한다.

- 예〉 초음파 세척기

19) 주기적 진동(Periodic Action)

- 계속하는 것을 끊자

A. 연속적인 작동을 주기적 순간작동으로 대체한다.

B. 작동이 이미 주기적이면 그 주파수를 바꾼다.

C. 추가적인 작동을 제공하기 위해 임펄스 사이의 쉬는 시간을 활용한다.

- 예〉 국립공원 안식년제

20) 유익한 작용의 지속(Continuity of Useful Action)

- 계속 움직이게 만들자

A. 중단 없이 작동하게 한다. 물체의 모든 부분들을 최대 성능으로 계속해서 작동하게 한다.

B. 헛된 동작 또는 중간 동작을 제거한다.

C. 전진/후퇴의 왕복 동작을 회전 동작으로 바꾼다.

- ◆ 예〉 슬러쉬, 365일 코너

21) 고속 처리(Rushing Through)

- 빠르게 하자

A. 해롭고 위험한 작용은 고속으로 처리한다.

- ◆ 예〉 바로드림 서비스

22) 전화위복/해로움을 이로움으로 (Convert harm into benefit)

- 불리한 것을 유리한 것으로 바꾸자

A. 바람직한 효과를 얻기 위해, 해로운 인자(특히, 환경적 인자)를 활용한다.

B. 하나의 해로운 인자를 다른 해로운 인자와 결합시켜서 제거한다.

C. 해로움이 사라질 때까지 해로운 작용의 정도를 더욱 증가시킨다.

- ◆ 예〉 글렌 굴드 소리

23) 피드백(Feedback)

- 알아차리게 하자

A. 피드백(feedback)을 도입한다.

B. 피드백이 이미 존재하면 그것을 변화시킨다.

- 예〉 강의 평가

24) (중간)매개체(Mediator)

- 직접 하지 않고 '무엇'의 도움을 받자

A. 매개체를 사용하여 작용을 전달하거나 수행한다.

B. 쉽게 제거할 수 있는 물체를 원래 물체에 임시로 연결한다.

- 예> 공인 중개사, 펀드매니저

25) 셀프 서비스(Self Service)

- 저절로 되게 하자

A. 물체가 스스로 서비스하거나 보충 및 수리 작업을 수행한다.

B. 버리는 재료와 에너지를 이용한다.

- 예〉 자판기, 셀프 주유, 가구회사 이케아(IKEA)

26) 복제(Copying)

- 대체수단, 00역할을 대체할 수 있는 것을 찾아보자

A. 깨지기 쉽고 다루기 불편한 원래의 제품 대신에 단순하고 값싼 복제품을 사용한다.

B. 가시광선이 사용되고 있으면 적외선 또는 자외선으로 바꾼다.

C. 물체(또는 시스템)를 광학적 이미지로 대체한다. 그러면 그 이미지를 축소하거나 확대할 수 있다.

- 예〉 자동차 충돌 테스트의 인체 모형 더미

27) 일회용품(Dispose)

- 한 번 쓰고 버리게 만들자

A. 값비싼 물체를 값싼 물체로 바꾸고 다른 특성들(예를 들어, 수명)과 타협한다.

- 예〉 일회용주사기, 한지로 만든 수의

28) 기계시스템의 대체 (Replacement of Mechanical System)

- 기계 시스템을 대체하자

A. 기계시스템을 광학, 음향, 열, 후각 시스템으로 바꾼다.

B. 물체를 전기장, 자기장 또는 전자기장과 상호작용하게 한다.

C. 장(field)을 다음과 같이 바꾼다:

- 움직이지 않는 장을 움직이는 장으로
- 고정된 장을 시간에 따라 변화하는 장으로
- 불규칙한 장을 구조화된 장으로

D. 장을 강자성 입자와 연계하여 사용한다.

- 예〉 커피 전문점의 진동호출벨

29) 공기식/수압식 구조물 (Pneumatic or Hydraulic Constryctions)

- 공기압과 수압을 이용하자

A. 물체의 고체 부분을 기체나 액체로 바꾼다. 그러면 공기나 물을 사용하여 팽창되거나, 공기 쿠션 또는 수압 쿠션을 사용할 수 있다.

- 예〉 뽁뽁이, 물방울 레이저, 워터 픽

30) 유연한 막 또는 얇은 필름 (Flexible Membranes or Thin Films)

- '얇거나 유연한 것'으로 만들거나 이용하자

A. 통상적인 구조물을 유연한 막이나 얇은 필름으로 바꾼다.

B. 유연한 막이나 얇은 필름을 이용하여 물체를 외부 환경과 격리시킨다.

- 예〉 액정보호 필름, 비닐 랩

31) 다공질 재료(Porous Material)

- 구멍이나 틈을 이용하거나 만들자

A. 물체를 다공질 재료로 만든다. 또는 보충적인 다공질 요소(삽입물, 덮개 등)를 사용한다.

B. 만일 물체가 이미 다공질이면 그 구멍들을 미리 어떤 물질을 채운다.

- 예〉 양념 통 구멍, 죽부인, 링 도넛

32) 색깔 변경(Changing the Color)

- 색이나 투명도를 바꾸자

A. 물체나 외부 환경의 색깔을 바꾼다.

B. 물체나 외적 환경의 투명도를 바꾼다.

C. 관찰하기 어려운 물체나 과정을 관찰하기 위해 유색 첨가제를 사용한다.

D. 만약 그러한 첨가제가 이미 사용되고 있다면 발광 추적자 또는 추적 원자를 이용한다.

- 예〉 휴대폰 배터리 충전기, 투명붕대

33) 동질성(Homogeneity)

- 같게 만들자

A. 본체와 상호작용하는 주변 물체를 본체와 동일한 재료 또는 비슷한 특성을 지닌 재료로 만든다.

- 예〉 메소드 연기, 와플 콘

34) 폐기 및 재생(Rejecting and Regenerating Parts)

- 없애거나 다시 살려내자

A. 물체의 요소가 그 기능을 마쳤거나 쓸모없게 되면, 그 요소를 폐기하거나(버리기, 녹이기, 증발시키기) 또는 작동 도중에 변경한다.

B. 물체 중에서 이미 사용된 부분을 작동 중에 원위치한다.

- 예〉 흡수성 수술용 봉합사, 콘서트 7080

35) 속성변환(Transformation of Property)

- 속성을 변화시키자

A. 시스템의 물리적 상태를 바꾼다.

B. 농도나 밀도를 바꾼다.

C. 유연성의 정도를 바꾼다.

D. 온도나 부피를 바꾼다.

- 예〉 압축 프로그램, 전자 책, 가상현실, 죽

36) 상전이(Phase Transition)

- 상태변화를 이용하자

A. 상전이 현상(즉, 부피의 변화, 열의 발산/흡수 등)을 이용한다.

- 예〉 드라이아이스, 인공강우, 석빙고

37) 열팽창(Thermal Expansion)

- 열팽창 현상을 활용하자

A. 온도변화에 의한 물질의 팽창 및 수축을 이용한다.

B. 열팽창 계수가 다른 여러 가지 재료를 이용한다.

- ◆ 예〉 철도 이음새, 바이메탈 온도계

38) 산화제(Accelerated Oxidation)

- 활성화시키자

A. 산소 자체는 타지 않지만 다른 물질이 타는 것을 돕는 성질이 있다. 산화제는 산소와 결합하게 만드는 물질이다.

B. 긍정적인 변화를 유도해내며, 작용을 활발히 하도록 돕는다.

- ◆ 예〉 염초, 칭찬, TV 프로그램 : '정지선 지키기 양심냉장고'

39) 불활성 환경(Inert Environment)

- 안정화시키자

A. 정상적인 환경을 불활성 환경으로 바꾼다.

B. 물체에 중성 물질이나 중성 첨가제를 넣는다.

C. 작업을 진공에서 수행한다.

- ◆ 예〉 진공포장

40) 복합 재료(Composite Materials)

- 균일한 재료를 복합재료로 바꾸자

1. 동질성 재료를 복합 재료로 바꾼다.
    - 예〉 철근 콘크리트, 퓨전, 크로스오버

3
Supplement

다양한 창의적 사고기법

브레인스토밍(Brainstorming)

- 두뇌에 폭풍을 일으켜서 어떤 문제를 해결하는 것이다
- 좋은 아이디어를 얻는 최선의 방법은 많은 아이디어를 얻는 것이다.
- 타인의 의견을 절대비판하지 않는다.

브레인라이팅(Brainwriting)

- 브레인스토밍의 단점을 보완하여 나온 기법이다.
- 구성원들의 생각을 말이 아닌 글로 표출한다는 것이다.
- 성격이 소극적이거나 발언이 서툰 사람들이 가진 획기적 아이디어를 발굴하는데 유용하다.

아이디어 체크리스트(Idea Checklist)

- 발상의 기준(질문 목록)을 순서대로 정해 두고 아이디어를 유도하는 방법이다.

- "~한다면?"과 같이 질문을 던져 아이디어를 탐색하는 것이다. 예를 들면, 응용한다면?, 변경한다면?, 확대한다면?, 축소한다면?, 대체한다면? 등과 같이 질문할 수 있다.
- 아이디어를 찾기 위한 발상을 자극하는 수단으로 SCAMPER법이라고도 한다. 이는 대치(Substitute), 조합(Combine), 채택(Adopt), 변형(Modify)-확대(Magnify)-축소(Minify), 용도변경(Put to other uses), 삭제(Eliminate), 역전(Reverse)-재조직(Rearrange)에서 첫 글자를 따온 것이다.

PMI법(Plus Minus Interesting)

- 어떤 주제가 정해지면 딱 세 가지, 좋은 점, 나쁜 점, 흥미로운 점을 검토한 다음, 이 세 가지를 종합적으로 판단하여 향후 방향성을 도출하는 기법이다.
- 장단점이라는 이분법으로 접근하는 것이 아니라 흥미로운 점까지 추가함으로써 더욱 더 종합적인 사고와 판단을 할 수 있다.

강제연결법(Forced Relationship)

- 두 사물이 아무런 관련이 없어 보인다 해도 관련지어 아이디어를 도출해보는 발상법으로 사고의 유연성을 기를 수 있는 좋은 방법이다.

속성열거법(Atribute Listing)

- 수많은 사물(공정, 제품)에는 각각의 속성이 존재한다. 그런 사물

의 속성(문제를 잘게 나누면 나눌수록 아이디어가 쉽게 도출)에 주목하는 기법이다.

마인드 맵(Mind Map)

- 글자 그대로 '마음의 지도'라는 의미이며, 전통적인 필기의 한계를 극복하는 좋은 대안이다.
- 마음속에 있는 모든 정보를 자기 자신만의 독특한 이미지와 핵심단어, 색상, 및 상징적 부호 등으로 자유롭게 펼쳐보고, 독창적이고 종합적인 구조로 조직화해서 다양한 방식으로 표현한 것을 말한다.

시넥틱스법(Synectics)

- 해결하고자 하는 문제나 필요한 아이디어를 어느 다른 유사한 대상이나 사태에 비유, 유추, 비교해서 새로운 아이디어를 얻는 방법이다.

4
Supplement

용어설명

1) TRIZ(트리즈)

: 러시아어에서 앞 자만 따서 영어식으로 발음한 것으로 "발명적 문제 해결이론"을 의미이다. 러시아어로는 "Теория Решения Изобретательских Задач"이며, 영어로는 "Theory Solving Invention Problem"이다.

TRIZ 이론은 1946년 러시아에서 겐리흐 알트슐러(Genrich Altshuller) 박사와 그의 동료들에 의해서 연구 개발된 것이다. TRIZ란 "주어진 문제의 가장 이상적인 결과를 얻어내는데 관건이 되는 모순을 찾아내고, 이를 극복함으로써 혁신적 해결안을 얻을 수 있는 창의적 방법론"이다.

2) NFTM-TRIZ(엔에프티엠-트리즈)

: 러시아어에서 앞 자만 따서 영어식으로 발음한 것으로 "트리즈를 기반으로 한 지속적인 창의력 형성 시스템"을 의미한다. 러시아어로는 "НФТМ-ТРИЗ: Непрерывное Формирование Творческого Мышления - Теория Решения Изобретательских Задач (지속적 창의 력 형성 - 창의적 문제해결 이론)"이며, 영어로는"Continuous

지노프끼나 교수(M.M. Zinovkina: 1932 ~ 현재)

Formation Creative Thought-the Theory of Solving Invention Problem"이다.

지속적인 창의 교육 시스템(NFTM-TRIZ)은 모스크바국립산업대학(MSIU)의 공학 및 교육학 박사인 지노프끼나 박사가 트리즈(TRIZ)를 바탕으로 지속적인 창의력 교육을 지향한 교육 시스템이다. 본 시스템은 취학 전 아동부터 시작하여 대학생과 성인에 이르기까지 지속적으로 창의력 향상 교육이 이루어질 수 있도록 만들어진 교육공학적 시스템이다.

3) 갈라바롬까(головоломка)

갈라바롬까는 러시아 단어 'головоломка'를 발음 나는 대로 그대로 옮겨 적은 것이다. 이 단어의 의미는 '1) 풀기 어려운 문제, 과제

2) 생각을 필요로 하는 놀이나 장난감'이다. 하지만 문자적으로 해석하면 'голова - 머리' + 'ломка - 부수다, 깨다를 의미하는 동사 ломать에서 온 명사'가 합쳐져서 '머리짜내기, 머리깨기' 등으로 풀이해 볼 수 있다. 그리하여 국내에 번역된 책에서는 '갈라바롬까, 머리짜내기, 머리깨기' 등으로 사용되었다. 본서에서는 러시아어 원어를 그대로 살린 '갈라바롬까'와 이 의미를 함축적으로 이해하도록 '두뇌개발'이라는 용어를 사용한다.

4) '기쁨(Радость)'

NFTM-TRIZ 창의성 교육 시스템에서 취학 전 아동을 위한 프로그램 명칭 '기쁨(Радость)'은 러시아어로 '기쁨'을 나타내는 일반단어 'радость'에서 왔다. 취학 전 아동을 위한 창의성 교육 프로그램에서 아이들이 즐겁고, 기쁘고, 행복하고, 매혹적으로 창작을 통해 지식과 창의성에 접근하는 것을 목표로 한다. 그리하여 즐겁고 유쾌한 수업 활동으로 풍부하고 적극적인 창의적 사고와 상상력이 개발되고 발달되기를 바란다는 의미에서 붙여진 명칭이다.

지노프키나 교수의 NFTM-TRIZ 국내 연수 사진(2002-2012)

<2002. 초등학생들을 위한 NFTM-TRIZ 연수 수업 장면>

<2002. 초등학생들을 위한 NFTM-TRIZ 연수 수업 장면>

<2002. 초등학교 교사들을 위한 NFTM-TRIZ 연수>

<2002. 초등학교 교사들을 위한 NFTM-TRIZ 연수 수업 장면>

<2002. 공대 교수 및 박사생들을 위한 학술 및 실습 세미나>

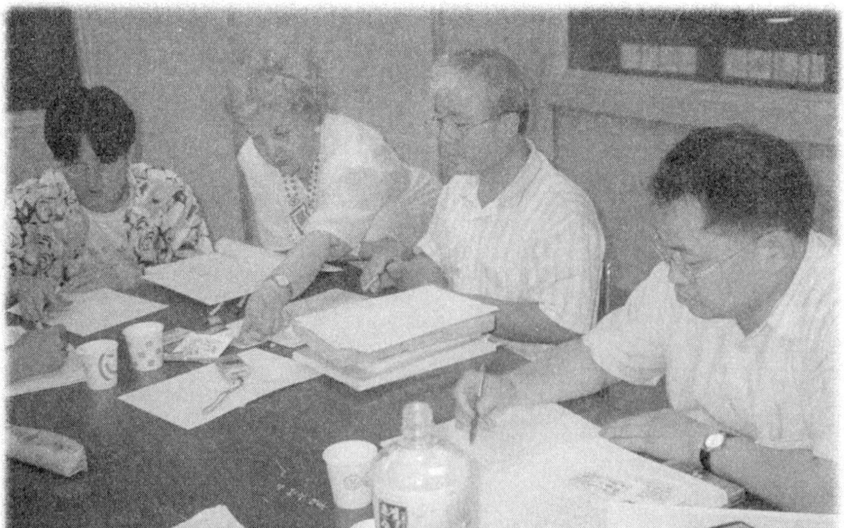

<2002. 공대 교수 및 박사생들을 위한 학술 및 실습 세미나 수업 장면>

<2005. 부산대학교에서 교수 및 교사들을 위한 TRIZ 교육세미나>

<2011. 한국기술교육대학교에서 NFTM-TRIZ 창의 교육 연수>

<2011. 한국기술교육대학교에서 NFTM-TRIZ 창의 교육 수업 장면>

<2011. 한국기술교육대학교에서 NFTM-TRIZ 창의 교육 연수>

참고문헌

1. Альтшуллер Г.С. Творчество как точная наука. М., 1979.
2. Зиновкина М.М. Теоретические основы целенаправленного формирования творчского технического мышления и инженерных умений студентов. Учебное пособие. М., 1987.
3. Зиновкина М.М.,Хохлов Н.Г. Технология формирования инженера творца. // Высшее образование в России. № 3, М., 1995, 45~53.
4. Зиновкина М.М., Гареев Р.Т., Кошкина Л.И. К знаниям через творчество. // «Учитель». № 3, М., 1999, 10~13.
5. Креативная педагогика. Сборник научных трудов МГИУ. Под ред. М.М. Зиновкиной. М., 1998.
6. Креативная педагогика XXI века. М.М. Зиновкиной. М., 1999.
7. Зиновкина М.М. Креативные технологии образования. // Высшее образование в России. № 3, М., 1999, 101~104.
8. Зиновкина М.М.,Гареев Р.Т. Креативное инженерное образование. // Высшее образование в России. № 6, 2000, 98 – 99.
9. Зиновкина М.М. Многоуровневое непрерывное креативное образован. М., 2006.
10. 『창의적 문제해결 이론 TRIZ 100배 활용하기 1』, 정찬근·정다혜· 이경원 공저, MJ미디어, 2010.
11. 『창의적 문제해결 이론 TRIZ 100배 활용하기 2』, 정찬근·정다혜·이경원 공저, MJ미디어, 2010.

12. 『알트슐러의 40가지 발명 원리』, 알트슐러저,박성균·윤기섭·최윤희 역, GS인터비젼, 2012.
13. 『창의력은 밥이다』, 김광희 저, 넥서스BIZ, 2011.
14. 『창의성』, 한순미·김 선·이경화·성은현 공저, 학지사, 2012.

찾아보기

저자 소개

M.M. Zinovkina (M.M 지노프끼나) 모스크바국립산업대학교 공학 및 교육학 박사.
지속적인 창의 교육 시스템(NFTM-TRIZ)의 창시자이며, 모스크바국립산업대학교의 〈창의 공학과 교육 혁신〉학과 교수이다. 유럽자연과학 아카데미의 회원이며 〈국제과학교육공학창의력센터〉의 센터장을 맡고 있다. 트리즈 창시자인 알트슐러 생전에 그와 함께 트리즈를 기반으로 한 창의 교육에 대해 함께 연구하였으며, 알트슐러 생전에 트리즈 마스터로 인정하여 그가 직접 인증서를 수여한 마스트들 중 한 명이다.

최윤희 모스크바국립대학교 러시아언어학 박사.
현재 부산대학교와 대구가톨릭대학교 외래교수이며, 러시아 NFTM-TRIZ 센터 정회원이자 NFTM-TRIZ 창시자인 M.M.Zinovkina 교수의 창의교육연구프로그램 개발팀 공동연구원이다. 창의적 문제해결이론 전문가(TRIZ Level 3)로서 한국트리즈협회 회원 및 강사로 활동 중이다. 러시아어 교재 및 문학에 관한 번역서와 트리즈를 기반으로 한 창의교육에 관한 논문과 역서 등이 있다.

김훈희 경상대학교 교육학 박사.
현재 경상대학교와 진주교육대학교 외래교수이며, 러시아 NFTM-TRIZ 센터 정회원이자 NFTM-TRIZ 창시자인 M.M. Zinovkina 교수의 창의교육연구프로그램 개발팀 공동연구원이다. 교육과정 및 교육방법, 트기즈를 기반으로 한 창의교육에 관한 글을 쓰고 있다.

지속적인 창의·인성 교육을 위한
NFTM-TIRIZ의 이론과 실제

2013년 2월 20일 초판 인쇄

2013년 2월 25일 인쇄 발행

저　　자 M.M. Zinovkina · 최윤희 · 김훈희
발 행 인 송기수
발 행 처 도서출판 GS인터비전
편 집 처 도서출판 GS인터비전
삽　　화 김병길
인 쇄 처 대일문예사
등록번호 제 313-2011- 120호
I S B N 978-89-97231-57-7 (93370)

주　　소 서울 마포구 신수동 448-6
전　　화 02-976-7898, 3272-7898, 3273-7898
팩　　스 02-6468-7898
홈페이지 www.gsintervision.co.kr
이 메 일 gsinter7@gmail.com

정 가　15,000 원